I0173887

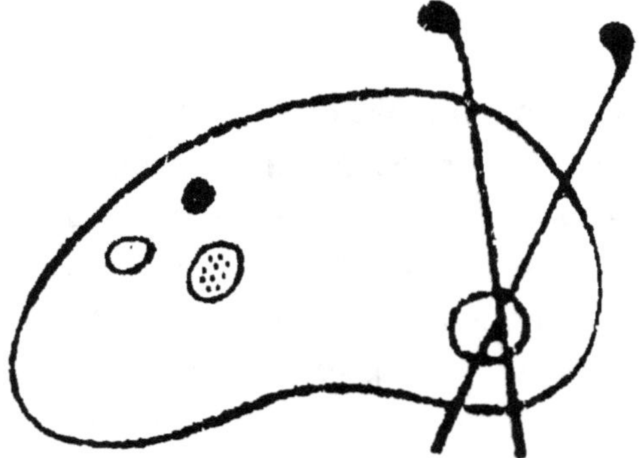

Fin d'une série de documents
en couleur

# LETTRE A UN MAGISTRAT,



*Sur la CONTESTATION ACTUELLE entre les Libraires de Paris & ceux des Provinces.*

LE différend entre les Libraires de Paris & ceux des Provinces, m'a fait faire, Monsieur, deux réflexions, dont l'une est affligeante pour un bon Citoyen, dont l'autre m'a donné une véritable satisfaction. Ces réflexions en ont amené d'autres, & la confiance qui depuis si long-temps nous unit, m'invite à vous les présenter toutes sur une question qui est d'un aussi grand intérêt.

Voici d'abord la réflexion qui m'a affligé. Les nouveaux Réglemens sur la Librairie & l'Imprimerie sont sans contredit utiles à beaucoup de personnes; & la preuve en est qu'ils ont un très-grand nombre de partisans & de défenseurs. La preuve en est encore, que ceux-mêmes qui les combattent, avouent sans difficulté qu'on y trouve beaucoup de dispositions utiles, sages, avantageuses, évidemment dictées par des vues d'intérêt public, & qu'enfin elles tendent dans leur ensemble à tirer de la dépression, &, s'il faut le dire,

A

de la misere un grand nombre de peres de famille répandus dans les Provinces, en les admettant à une juste concurrence, avec des égaux, qui n'ont sur eux d'autre avantage que celui d'habiter la Capitale. Cependant combien de Requêtes, de Mémoires, de démarches, de clameurs contre ces Réglemens! Quand on viendroit envahir nos maisons & nos champs, arracher nos titres de propriété de nos mains, enlever nos femmes & nos enfans, on ne s'écrieroit pas avec plus de force; on ne s'agiteroit pas avec plus de violence; on ne se donneroit pas de plus grands mouvemens. D'où je conclus qu'il est à peu près impossible de faire le bien dans ce pays-ci; qu'il est au moins très-décourageant de le tenter; & que bien des personnes en place, comparant la douce inaction *qu'on honore & qu'on vante*, parce qu'elle laisse chacun faire ses affaires à sa maniere, & l'activité bienfaisante & réformatrice qui ne produit que des inimitiés privées, des clameurs, & des commotions, sans donner un seul ami, PARCE QUE CELUI QUI OBLIGE TOUT LE MONDE N'OBLIGE PERSONNE, seront infiniment tentées de suivre la premiere des deux méthodes, si conforme d'ailleurs à la paresse humaine, & de se laisser mollement aller à une maniere sûre d'être *honorées & vantées*.

Mon autre réflexion a eu pour objet la réclamation que j'ai entendue de divers endroits au seul mot de propriété blessée, & l'assertion avancée des deux côtés, qu'il falloit avant tout respecter la propriété. Oh! pour cette réclamation-là, j'avouerai qu'elle m'a fait grand plaisir, & que j'aime à voir de toutes parts les Citoyens en garde, &, pour ainsi dire, en arrêt sur tout ce qui peut porter la plus légere atteinte à la propriété. Cette insurrection générale, ce cri de guerre sur un intérêt si puissant & si sacré, en sera toujours l'un des plus fermes appuis; & si dans divers Etats de l'Europe les peres avoient toujours eu cette attention vigilante, cette inquiétude délicate, ces prévoyances vigoureuses, au lieu d'un engourdissement stupide, leurs enfans ne seroient pas réduits aujourd'hui à d'impuissans regrets, sur des privations & des pertes trop sensibles & malheureusement presque irréparables.

Défendons donc la propriété; mais, pour la bien défendre, commençons par la bien connoître, afin de ne pas pousser des cris injustes, & de ne pas opposer le reproche au bienfait. Il me paroît que toute la question roule sur la véritable notion du mot de *propriété*, que, ce point une fois réglé, le reste va tout seul, & qu'il n'est question que de bien entendre ce que c'est que la propriété d'un ouvrage d'esprit, soit afin d'éclairer respectueusement l'autorité, si elle s'est méprise, soit afin d'imposer silence aux clameurs de l'intérêt particulier, si elles sont sans fondement.

La propriété est *le droit qui appartient à chaque individu d'user de* SA CHOSE, *en en tirant le meilleur parti possible, autant que le comporte la nature de la chose elle-même, & que le permettent les loix du pays qu'il habite.*

Je dis *autant que le comporte la nature de la chose elle-meme.* Car si j'ai la propriété d'un fanal que je mets sur ma maison, je ne peux pas empêcher l'homme qui passe dans la rue de profiter de la lumière que le fanal répand, pour choisir le chemin propre & éviter la boue. Si j'ai la propriété d'un instrument de musique dont je tire des sons agréables, je ne puis pas empêcher celui qui est à portée de m'entendre, de joüir du plaisir de m'entendre. Je ne puis ni forcer le premier de marcher les yeux fermés, ni forcer le second de se boucher les oreilles.

Je dis en second lieu, *autant que le permettent les loix du pays que j'habite.* Car personne ne naît propriétaire, à proprement parler. On naît avec son corps, & voilà tout. Si je recueille un bien par succession, en remontant de proche en proche, ce bien a appartenu à mon premier auteur par voie *de premiere occupation.* Or c'est la loi qui a sanctionné cette premiere occupation; c'est elle qui a statué que le défrichement, l'ensemencement, & la récolte d'un terrein pendant la premiere année feroient titre pour le défricheur & ses ayans cauſe, à l'effet d'en recueillir les fruits à toujours.

Donc, puiſque la loi a établi les propriétés, a converti *les occupations en propriétés*, elle a pu appoſer des conditions, des modifications à ces propriétés.

Ainſi, par exemple, en certains pays où il y a *par-cours & entre-cours*, c'eſt-à-dire, droit d'envoyer paître les beſtiaux ſur les territoires reſpectifs dans certains mois de l'année, il eſt défendu de ſe clorre. Récemment il a fallu une loi expreſſe pour le permettre dans le Boulonnois. Cependant rien ne tient plus immédiatement à la propriété, que le droit de la défendre par une clôture contre les invaſions d'autrui.

Ainſi encore les Gouvernemens, en pluſieurs pays, défendent de convertir les labours en pâturage, afin de laiſſer de l'emploi à un plus grand nombre d'hommes, ou de mieux aſsûrer la ſubſiſtance de l'eſpece humaine; défendent de planter des vignes, quand on juge qu'il y en a ſuffiſamment, ou d'en arracher quand on juge qu'il n'y en a pas aſſez. Ces défenſes ſont ſans contredit *des gênes* à la propriété, mais ne ſont point des *atteintes* à la propriété, parce que l'uſage de la propriété eſt toujours ſubordonné aux loix générales du pays qu'on habite.

Quand vous me forcez, par un alignement, de

perdre trois pieds de mon terrein, non-seulement vous *gênez* ma propriété, mais vous détruisez une partie. Et cependant je ne puis *legalement* me plaindre, parce que la propriété du terrein des villes est subordonnée pour la sûreté des habitans de ces mêmes villes, en élargissant les rues trop étroites, à la loi des alignemens.

Quand vous me forcez de recevoir le remboursement d'une rente fonciere, assise sur une maison dans une ville, afin d'encourager les constructions par la facilité de la libération, très-certainement c'est une *gêne* à ma propriété : c'est même une *imminution* de ma propriété, parce qu'assurément j'aurois préféré une bonne rente fonciere bien assise & bien payée, à 20 ou 25 fois le montant annuel de cette rente, mort & oisif dans mon tiroir. Mais ce n'est pas une *atteinte* à ma propriété.

Quand Louis XII, l'un des hommes les plus justes, ordonna en 1510 qu'on ne pourroit exiger que cinq années d'une rente constituée, & qu'on ne seroit pas même tenu de se purger par serment qu'on eût payé les années antérieures, il mettoit ma propriété en péril, il me la faisoit même perdre pour peine de ma négligence à me faire payer. Avant cette loi enregistrée, j'avois aussi-bien le droit de me faire payer six années comme cinq; mais il n'a pas voulu que des débiteurs de rentes restassent insidieusement arriérés, pour qu'ensuite leurs biens devinssent la proie de la Justice & des créanciers. Par cette loi, Louis XII a apposé une *gêne* à ma propriété; & quelquefois même il a donné occasion à m'en faire essuyer une privation. Mais on ne peut pas dire dans un sens légal, qu'il ait porté *atteinte* à ma propriété, pour avoir trouvé juste, de même que ses Cours, d'en modifier ainsi l'exercice. Aussi ne voyons-nous pas que cette loi, qui pourtant avoit une plus grande importance par ses suites que le nouveau Réglement sur la Librairie, & qui intéressoit un bien plus grand nombre de personnes, ait excité alors la plus légere réclamation.

Les prescriptions, les privations de la faculté d'agir en Justice, à moins qu'on n'employe telle forme, qu'on ne se serve de tels Officiers & de tel papier, qu'on n'ait dirigé son action de telle ou telle maniere, les prohibitions de donner, de léguer, ou de recevoir, les nullités apposées à certaines omissions ou inobservations de formes dans les actes translatifs de propriété, &c. sont autant *de gênes* à la propriété; mais ce ne sont point des *atteintes* portées à la propriété. Pourquoi ? Parce que l'exercice de ma propriété est toujours & nécessairement subordonné aux loix de mon pays, loix fondées ou réputées fondées sur l'intérêt général, qui doit toujours l'emporter sur l'intérêt particulier.

Personne, que je pense, ne me contestera donc ma définition, & je la répéte ici. Ma propriété est le droit qui m'appartient d'user de MA CHOSE, en en tirant le meilleur parti possible, autant que le comporte la nature de la chose elle-même, & que le permettent les loix du pays que j'habite.

Ceci posé, passons de ces notions générales à la question particuliere.

Avant l'invention de l'Imprimerie, comme après, on faisoit des ouvrages d'esprit, ou soi-disant tels. Cette composition créoit une propriété. L'ouvrage composé étoit LA CHOSE de l'Auteur.

Mais que valoit cette propriété ? quels droits en résultoient ? J'en demande bien pardon à ceux dont je vas contredire ici l'intérêt ou les préjugés : mais la premiere justice est d'être juste contre soi-même ; & ce n'est pas une grande merveille d'être juste à l'égard d'autrui.

Cette propriété, tant qu'elle étoit renfermée dans un porte-feuille, n'avoit aucune valeur quelconque.

Elle n'avoit point de valeur d'argent, car elle étoit ignorée.

Elle n'avoit point de valeur de gloire, car elle étoit ignorée.

C'étoit une valeur morte & stérile, qui se réduisoit à la satisfaction qu'avoit l'Auteur d'avoir fait un ouvrage qui lui paroissoit bon, & que le cercle de quelques amis, à qui il l'avoit montré, croyoit bon.

L'ouvrage paroît, se répand au dehors par des copies plus ou moins multipliées, suivant sa bonté ou son succès.

A ce moment l'Auteur en recueille, 1°. une gloire *publique*, qui est à lui *à toujours*, à lui *& à ses hoirs à perpétuité*; 2°. un profit pécuniaire, s'il s'est pourvu d'abord d'un assez grand nombre de copies pour pouvoir les faire vendre pour son compte, avant que quelques-uns de ses acheteurs soient devenus ses concurrens par des copies nouvelles. Vraisemblablement on s'adressoit à lui de préférence, ou pour avoir des copies plus correctes, ou pour lui procurer le profit du débit de son ouvrage, ou pour pouvoir dire avec une sorte de vanité, car où n'en met-on pas ? » Vous voyez » bien ce manuscrit; eh bien, je le tiens de la » propre main d'Abailard, de Guillaume de » Champeaux, du Docteur subtil, du Docteur » Angélique, du Docteur irréfragable. Il est fort » mon ami «. Peut-être aussi alors prenoit-on la voie des souscriptions, avant de laisser paroître un seul exemplaire, & cette précaution étoit sage. La traduction du Télémaque en Angleterre, a rapporté cent mille écus par souscription, parce que le Traducteur eut l'attention de ne pas laisser paroître un seul exemplaire, avant que la souscription eût atteint cette somme.

Nous ne pouvons au reste rien savoir de bien

positif à cet égard, vu l'éloignement des temps. Mais ce que nous savons très-certainement, c'est que, du moment où l'Auteur avoit laissé paroître quelques copies, de ce moment-là son profit étoit précaire & livré à la concurrence du premier occupant.

Des Chefs de Copistes, des Stationnaires*, des Supérieurs de Monasteres, des familles nombreuses en tiroient en grande partie la subsistance de leurs maisons. Les manuscrits étoient même quelquefois d'un prix excessif. Nous lisons dans un Auteur célebre, que vers l'an 1088, Grecie, Comtesse d'Anjou, acheta un Recueil d'Homélies, (plus recherchées apparemment que celles de l'Archevêque de Grenade,) deux cents brebis, un muid de froment, un muid de seigle, un muid de millet, & un certain nombre de peaux de martre. Jusqu'à ces derniers temps, à Constantinople, l'occupation de copier des manuscrits, a fait subsister une grande quantité d'habitans, qui se sont opposés de tout leur pouvoir à l'introduction de l'Imprimerie.

Ainsi, dans cet état des choses, un manuscrit *renfermé* n'avoit nulle valeur pécuniaire. Un manuscrit *publié* en acquéroit une; mais il l'acquéroit PAR SA PUBLICITÉ, par la jonction du travail des Copistes à la création de l'Auteur. C'étoit cet

---

* Copistes de manuscrits.

accessoire qui seul faisoit valoir le principal. Et voilà d'abord ce qu'il faut que l'on conçoive bien, pour sentir quel avantage immense l'invention de l'Imprimerie a procuré aux Auteurs & aux Imprimeurs leurs cessionnaires. Ce premier point, bien saisi, répandra la lumiere sur tout le reste.

Quelqu'un des Auteurs, (du temps des copies manuscrites,) s'avisa-t-il de dire au Roi ? » Mes » pensées sont ma propriété : c'est même une » propriété d'un genre plus éminent que tout » autre ; c'est ma création. Donnez-moi une » troupe de gens armés, pour que j'aille faire » main-basse dans tous les Monasteres, & en» lever les copies de mon ouvrage, que les » Moines s'ingerent de faire & de vendre «.

On lui auroit répondu : » Vos pensées sont » votre propriété, tant que le manuscrit qui les » renferme reste dans votre porte-feuille. Une » fois que vous lui avez donné l'essor, il s'en » fait d'innombrables copies en France & ailleurs. » Le Roi ne peut ni ne doit interdire à une » portion de ses sujets cette maniere de pourvoir » à leur subsistance. Il le tenteroit en vain, puis» que votre ouvrage est répandu au dehors du » Royaume. Vous avez, comme Auteur, la gloire » de l'avoir fait, qu'on ne peut vous ôter ; vous » avez pu aussi en avoir un premier profit, en » faisant vendre vous-même une grande quantité

» de premieres copies. Si vous ne l'avez pas fait ; » ou qu'elles vous ſoient reſtées, pour avoir voulu » les vendre trop cher, ne vous en prenez qu'à » vous-même. Une fois devenues publiques, elles » appartiennent à tout le monde, & n'appartien- » nent à perſonne «.

Et cette réponſe étoit juſte. Car il eſt impoſſible d'aſſimiler, tant qu'on voudra raiſonner de bonne foi, la *propriété* d'un ouvrage *rendu public*, à celle d'un champ, d'une maiſon, d'une ſomme d'argent. Si un Négociant Anglois me doit 500 livres ſterling, très-certainement les Tribunaux de ſon pays le condamneront à me payer 500 livres ſterling. Mais ſi un Imprimeur Anglois imprime mon ouvrage ſur un imprimé qu'il aura acheté à Paris, très-certainement nul Tribunal Anglois ne le condamnera envers moi. Bien plus, il ſera loué d'avoir fait le bien de ſon pays, par une édition d'un grand produit. Et il en ſera de même à Paris, pour l'impreſſion d'un ouvrage publié d'abord à Londres. Il faudroit donc dire que les Nations autoriſent & encouragent les vols reſpectifs.

Or, comme ON NE PEUT SUPPOSER QUE TOUTES LES NATIONS S'ACCORDENT A AUTORISER UNE CHOSE INJUSTE, ſans quoi il n'y auroit plus de baſe fixe pour la juſtice de Nation à Nation, il eſt évident d'abord que cette propriété-là n'eſt point une propriété DU DROIT DES GENS, lequel droit fut le titre originaire des propriétés respectives des peuples.

Elle n'est pas non plus une propriété *du droit civil.* Car où est la Loi qui l'a déclarée ? Nous avons bien des Loix qui déclarent qu'on acquiert des propriétés par succession, par donation, par legs, par contrat de vente, ou d'échange, &c. Nulle Loi n'a ordonné que la composition d'un ouvrage emportât *propriété exclusive à toujours* du droit d'*imprimer* & de *publier* cet ouvrage; parce que ç'auroit été attribuer à la *composition* seule un gain qui est principalement opéré par la *publication*, ce qui auroit été injuste.

Au quinzieme siecle parut l'Imprimerie.

Ses effets furent, 1°. de faciliter, par une voie très-rapide & beaucoup moins dispendieuse, la communication des pensées des hommes; 2°. de faire tomber absolument le travail des Copistes, qui ne pouvoient lutter ni en célérité, ni en bon marché de la main-d'œuvre, avec les Imprimeurs.

Les Auteurs y trouverent un grand avantage; celui de pouvoir faire imprimer leurs ouvrages pour leur compte, ou de pouvoir les vendre à des Imprimeurs qui, par l'avance que leur donnoit une édition entiere bien faite sur tous concurrens qui auroient voulu en faire une semblable, fussent en état de donner une valeur convenable au travail de l'Auteur.

Mais comme on n'avoit point demandé de Privilége du temps des copies manuſcrites, on ne penſa pas non plus à en demander lors de la naiſſance de l'Imprimerie. Chacun imprimoit librement tout ouvrage nouveau, ſans gêne & ſans réclamation, ſoit de la part de l'Auteur, ſoit de la part de l'Imprimeur ſon ceſſionnaire.

Cependant alors la propriété de l'Auteur exiſtoit comme elle exiſte aujourd'hui.

Cependant alors on étoit auſſi vigilant ſur ſon propre intérêt, qu'on l'eſt aujourd'hui.

Cependant alors l'intérêt étoit, comme aujourd'hui, éveillé par la gloire, & il n'y avoit point d'Auteur qui ne préférât de beaucoup une édition belle & correcte, faite ſous ſes yeux par un Imprimeur de ſon choix, avec les corrections & les changemens qu'il lui plairoit de faire dans l'intervalle d'une édition à une autre, à une édition faite ſans ſa participation & à ſon inſçu.

Il faut avouer que peut-être alors ſe reſpectoit-on davantage qu'on ne ſe reſpecte aujourd'hui. Un Imprimeur auroit cru peu décent d'imprimer l'ouvrage d'un homme vivant, ſans ſon agrément, & au détriment de ſon Imprimeur connu : mais cette abſtention de la part des autres Imprimeurs, n'étoit qu'un égard de bienſéance & d'honnêteté, & non l'effet d'une prohibition *légale*.

*Eraſme* fut le premier qui demanda un Privilége pour l'impression de ses ouvrages. Environ un siecle après la découverte de l'Imprimerie, il obtint de l'Empereur des lettres de Privilége exclusif, accordées à *Jean Froben*, pour les livres d'Erasme qu'il imprimeroit. Il faut convenir, au reste, qu'il fut modeste dans sa demande. Il ne demanda le Privilége, que de deux ans pour chaque ouvrage, faisant valoir la briéveté du temps, comme un motif pour l'obtenir. *Intra biennium .... tempus longum non est.*

Le Journaliste, où j'ai puisé ce fait *, assûre que le premier Privilége donné en France à un Imprimeur, fut de l'an 1507; & qu'il n'en fut guere expédié que dix ou douze, du moins en France, pendant la premiere moitié de ce siecle.

Il est intéressant, Monsieur, de placer ici quelques détails historiques sur l'Imprimerie; & vous serez étonné des lumieres que ces faits vont répandre sur la question actuelle.

Voilà donc Erasme qui se trouve heureux d'un Privilége de deux ans. Voilà donc dix ou douze Priviléges seulement accordés pendant un demi-siecle, & pour des temps fort courts. On n'avoit pas encore imaginé de se créer des patrimoines perpétuels, non-seulement aux dépens du Public, mais aux dépens du Corps entier des Imprimeurs

* Analectes Critiques, T. 2, 1778, p. 22, 23.

d'un grand royaume, & par conſéquent des progrès de l'Art, & de l'intérêt National.

Une fois des Priviléges étant accordés pour des ouvrages d'Auteurs vivans, on en demanda pour des ouvrages des Auteurs anciens, & on en obtint.

Une fois des Priviléges demandés pour quelques ouvrages, on en demanda pour un grand nombre d'ouvrages, & on en obtint.

Une fois des Priviléges accordés pour un temps très-court, on laiſſa bien loin en arriere la modeſte circonſpection d'Eraſme, on demanda des Priviléges pour des quinze & vingt ans, & on en obtint.

Une fois des Priviléges accordés pour des termes très-longs, la cupidité qui ne s'arrête jamais, & qui lutte ſans ceſſe avec la loi, demanda des CONTINUATIONS DE PRIVILEGES, & elle en obtint.

Ainſi s'enrichiſſoient les Imprimeurs de la Capitale, ou plutôt quelques-uns d'entr'eux. (Car vous allez voir dans un moment la réclamation d'un grand nombre.) Ainſi s'avançoient à grands pas vers leur ruine les Imprimeurs des Provinces, qui n'étoient pas à portée de participer à tous ces avantages.

Leurs cris ſe firent entendre, l'abus des prolongations fut réprimé. On voit dans la Conférence * des Ordonnances, qu'il fut *déſendu à tous*

* Liv. 10, tit. 12, art. 77.

Imprimeurs-

*Imprimeurs-Libraires & Relieurs*, *d'obtenir aucune prolongation des Priviléges pour l'impression des livres*, S'IL N'Y A AUGMENTATION AUX LIVRES DESQUELS LES PRIVILEGES SONT EXPIRÉS.

L'art. 78 au même endroit, ajoute une autre modification, non moins importante, conçue en ces termes : *Depuis qu'un livre a une fois été fait en public, ou imprimé hors le royaume, aucun ne peut obtenir un Privilége particulier pour l'imprimer en ce royaume.*

Cet article & le précédent sont appuyés dans la Conférence de l'Ordonnance, d'une foule d'Arrêts du Conseil, du Parlement, & d'autres Cours qui consacrent ces dispositions ; Arrêts qu'il seroit trop long de rapporter ici.

Mais ce qui ne laissera pas de vous surprendre, Monsieur, & ce qui vous montrera jusqu'à quel point l'intérêt personnel peut aveugler ; c'est que cette défense de PROLONGATIONS INDÉFINIES DE PRIVILEGES, qui fait aujourd'hui l'objet des réclamations de quelques Imprimeurs opulens ; cette défense de prolongations, lesquelles sont soumises POUR L'AVENIR à des regles très-sages, cette défense annoncée hautement par tant d'intéressés, & par leurs échos, comme le renversement absolu de la Typographie Françoise : eh bien ! Monsieur, cette défense a été sollicitée, demandée comme une grace par tout le Corps des Imprimeurs de Paris, ou pour mieux dire, elle a été ordonnée par eux-mêmes, devenus, sous le bon plaisir de Louis XIII, leurs propres Législateurs. Ecoutez ceci, je vous prie, & ceux que vous tâchez ainsi que moi, d'éclairer, y verront combien il est bon de lire avant de crier, de censurer, de fronder, & de déclamer.

En 1615, les Imprimeurs & Libraires de Paris présenterent au Roi des REMONTRANCES TRÈS-HUMBLES, dans lesquelles se traçant des loix à eux-mêmes, ils disoient, après avoir exposé leurs maux & leurs pertes : » Pour à quoi remédier, » plaise à Votre Majesté, EN CONFIRMANT LES » ANCIENNES ORDONNANCES DE VOS PRÉDÉCES- » SEURS ROIS sur le fait de l'Imprimerie & Li- » brairie, déclarer & ordonner «. Vient ensuite un projet de Statuts, dont l'article trente-trois porte : » Comme aussi sera défendu à tous Im- » primeurs, Libraires, & Relieurs de votre » ville de Paris, D'OBTENIR AUCUNE PROLON- » GATION DES PRIVILÉGES, par lesdits Librai- » res, pour l'impression des livres, S'IL N'Y A » AUGMENTATION AUX LIVRES DESQUELS LES » PRIVILÉGES SONT EXPIRÉS «.

Ces remontrances & ce projet de Statuts furent envoyés par le Roi à Monsieur de Mêmes, Lieutenant Civil, pour avoir son avis. Il le donna favorable. En conſéquence, au mois de Juin 1618, ces Statuts furent approuvés par le Roi, & revêtus de Lettres-patentes, enregiſtrées le 9 Juillet ſuivant. M. le Lieutenant Civil les fit lire & publier ſolemnellement, aſſiſté du Procureur du Roi, dans l'aſſemblée générale des Libraires-Imprimeurs & Relieurs, tenue au Collége Royal. Il y ſurvint trois oppoſitions ; l'une des Compagnons Imprimeurs ; une autre des Imprimeurs & Fondeurs de caractères ; une troiſieme des Huiſſiers-Priſeurs. Mais la Communauté des Imprimeurs & Libraires les reçut d'un vœu unanime. Elle voyoit avec reconnoiſſance, conſacrer par l'autorité Royale ſon propre ouvrage.

Ce n'étoit pas, ſans doute, qu'intérieurement les plus riches & les plus accrédités des Imprimeurs ne gémiſſent de voir ainſi reſſerrer la ſource de leurs gains ; mais l'évidence du bien, l'impoſſibilité d'être injuſtes en préſence d'un grand nombre de perſonnes, & la force de la réclamation générale, les entraînerent. En un mot, c'eſt ſur la propre Requête de la Communauté des Libraires-Imprimeurs de Paris, que *la prolongation des Priviléges* a été défendue, *lorſqu'il n'y auroit pas d'augmentation aux livres dont les Priviléges ſont expirés*. Ce ſont eux-mêmes qui ont provoqué, qui ont dreſſé la loi.

Vous voyez là, Monſieur, ce que je vous diſois

plus haut, que la réclamation contre l'abus des Priviléges prolongés, fut l'ouvrage du très-grand nombre des Imprimeurs de la Capitale, dont la pluralité entraîna ceux-mêmes qui y donnoient lieu, & fut extérieurement l'ouvrage unanime de tous.

Cette loi fut confirmée en 1667 par un Arrêt de Réglement, rendu au Conseil du Roi le 27 Février, sur des contestations qui y avoient été portées entre les Libraires & Imprimeurs de Paris, de Lyon, de Rouen, & autres villes du Royaume.

Après avoir jugé les contestations d'entre les Parties, Sa Majesté donnant ARRÊT DE RÉGLEMENT GÉNÉRAL, » ordonne que ceux qui auront obtenu » des Lettres de Privilége pour imprimer, ET » VOUDRONT EN OBTENIR DES CONTINUATIONS » POUR SE RÉCOMPENSER DE LEURS AVANCES, » FRAIS ET TRAVAIL, OU AUTREMENT, seront » tenus de se pourvoir pardevant S. M. pour cet » effet, un an avant l'expiration desdites Lettres : » leur fait Sa Majesté défenses d'en demander ni » obtenir après ledit temps passé ; ensemble de » demander aucunes Lettres de Privilége ou con» tinuation pour imprimer les Auteurs anciens, » A MOINS QU'IL N'Y AIT AUGMENTATION OU » CORRECTION CONSIDÉRABLE, sans que pour ce » sujet il soit défendu aux autres d'imprimer les » anciennes éditions non augmentées, ni revues, » & en cas qu'elles soient obtenues ci-après, DE» MEURERONT NULLES «.

Vous aurez fait attention, sans doute, Monsieur, à ces termes assez expressifs : POUR SE RÉCOMPENSER DE LEURS AVANCES, FRAIS, ET TRAVAIL. Ils annoncent assez nettement le juste motif des Priviléges, & des continuations de Privilége. Autrefois même on l'exprimoit assez ordinairement, soit dans l'exposé, soit dans la disposition des Lettres de Privilége ou de continuation. Je trouve sous ma main une ancienne édition de Mezerai, de l'année 1643, en tête de laquelle est le Privilége de la même année, & j'y lis : » Mais » craignant *qu'après avoir fait beaucoup de frais*, » employés pour les impressions desdits livres, » *quelques autres Libraires ou Imprimeurs ne les* » *voulussent pareillement faire*, au grand préjudice » de l'Exposant, s'il ne lui est par Nous pourvu » de nos Lettres nécessaires, requérant humble» ment icelles. A CES CAUSES, ET POUR DON» NER MOYEN AUDIT EXPOSANT DE SE RÉDIMER » DES GRANDS FRAIS QU'IL LUI CONVIENT FAIRE, » tant pour l'impression dudit livre, que pour la » gravure desdites tailles-douces, ET POUR EM» PÊCHER QU'IL NE SOIT FRUSTRÉ DES FRUITS DE » SON LABEUR, Nous lui avons permis & per» mettons, &c. « On trouve cent autres Lettres de Privilége conçues dans les mêmes termes.

Aujourd'hui on imprime en France, ou par permission tacite, ou par Lettres de Privilége.

La permiſſion tacite eſt ſeulement une aſſûrance que le Gouvernement ne recherchera point l'Imprimeur, pour avoir imprimé ſans autoriſation. Mais elle n'empêche nullement les contrefaçons; elle ne donne droit à aucune ſaiſie, à aucunes confiſcations.

Le Privilége renferme une défenſe expreſſe à tous les autres Imprimeurs d'imprimer pendant toute ſa durée. Sa violation donne une action en Juſtice contre les contrevenans, autoriſe à des ſaiſies, à des confiſcations, à faire prononcer une amende, dont une portion eſt attribuée par Lettres mêmes à l'Impétrant, une autre aux Hôpitaux, ou à quelque œuvre pie, & une autre au Roi; & en outre à pourſuivre des dommages-intérêts.

Je m'arrête ici, Monſieur, & je crois vous avoir ſuffiſamment expoſé l'hiſtorique de l'Imprimerie en France. Sans doute une réflexion vous aura frappé?

Si le ſeul fait d'être Auteur, ou ceſſionnaire de l'Auteur, donne par lui-même & de plein droit la faculté EXCLUSIVE ET PERPÉTUELLE d'imprimer ou faire imprimer un ouvrage, pourquoi exige-t-on donc l'augmentation DU QUART pour une continuation de Privilége? Je n'ai pas beſoin, ce ſemble, d'ajouter au bout d'un certain nombre d'années une aile à ma maiſon, pour avoir droit de continuer d'en jouir.

Si le seul fait d'être Auteur, ou cessionnaire de l'Auteur, donne une telle faculté, EXCLUSIVE ET PERPÉTUELLE, pourquoi donc, lorsque la propriété de l'Auteur est notifiée au Gouvernement par la communication du manuscrit, sur lequel il accorde *la permission tacite*, n'empêche-t-il pas les contrefaçons & les invasions ? Car ce même Gouvernement défend mon champ, ma maison, lorsque j'ai fait insinuer mon titre de propriété.

Si le seul fait d'être Auteur, ou cessionnaire de l'Auteur, donne une telle faculté, EXCLUSIVE ET PERPÉTUELLE, pourquoi donc, dans les Lettres de Privilége, le Roi s'attribue-t-il un tiers ou autre portion de l'amende, & attribue-t-il un autre tiers aux Hôpitaux ? Quand on pille mon jardin, ou qu'on force la porte de ma maison, il me semble que le Roi ni les Hôpitaux, ne viennent profiter en rien de l'événement, & que la réparation du tort souffert n'est adjugée qu'à moi seul.

Enfin, si tel est le droit de l'Auteur ou de son cessionnaire, pourquoi dans les loix générales, dans les Arrêts de Réglement du Conseil, dans ceux des Cours, (lorsqu'elles participoient à cette partie de la police publique; car il y a plusieurs Arrêts des Parlemens de Paris, de Rouen, & d'autres Parlemens, qui renferment les mêmes expressions,) dans les Lettres de Privilége, &c. énonce-t-on, pourquoi les Impétrans exposent-ils eux-mêmes, que le Privilége a pour objet *de les récompenser de leurs avances, frais & travail, & de faire en sorte qu'ils ne soient frustrés des fruits de leur labeur?* On l'énonce, & on l'expose parce que telle est en effet, Monsieur, la vraie, l'unique cause, la seule juste cause du Privilége. C'est ainsi que les faits, considérés avec attention, & impartialité, servent à rectifier, à fixer les idées, à empêcher qu'on ne se passionne, comme il arrive d'ordinaire, quand on n'a pas pris la peine d'examiner.

Maintenant, Monsieur, je reviens au point d'où j'étois parti, & d'où toute cette exposition historique m'a forcé de m'éloigner. Je reprends l'Imprimerie à sa naissance, & je me demande à moi-même ce qu'a dû faire alors l'Autorité pour être juste, & conséquemment ce qu'elle doit faire aujourd'hui.

L'Imprimerie paroît. On apperçoit à l'instant qu'elle peut être la source d'un gain immense. La cupidité va environner le Trône. Chacun voudra tirer parti de cette importante decouverte.

Dans ce nouvel ordre de choses, un Roi, comme pere commun, comme dépositaire de l'intérêt général, a plusieurs intérêts à considérer & à concilier : il seroit injuste, s'il ne s'occupoit que d'un seul, & s'il lui sacrifioit tous les autres.

1°. Il a donc considéré d'abord l'intérêt de l'Auteur. Avant l'invention de l'Imprimerie l'Auteur n'avoit guere à attendre que de la gloire de ses ouvrages, & très-peu de profit. Depuis cette heureuse découverte, il en peut retirer très-facilement un produit légitime. L'Imprimerie facilitant à l'infini la consommation des ouvrages d'esprit, & resserrant dans un plus petit nombre de mains l'emploi de les répandre; d'un côté, l'Auteur est sûr de pouvoir GAGNER DE VITESSE, pendant un temps quelconque, tout autre qui voudroit imprimer & répandre son ouvrage malgré lui; d'un autre côté, le Souverain, s'il veut appuyer l'Auteur, a plus de facilité de surveiller & de contenir par des Réglemens la classe connue, qui s'occupe de la publication des ouvrages, que quand ils étoient livrés en proie à des milliers de Copistes ignorés, répandus dans tout un royaume.

Or, comme un ouvrage à faire demande nécessairement un temps quelconque, que l'Auteur auroit pu employer à sa fortune personnelle, à l'établissement de ses enfans, à l'avancement de sa famille, il est de toute justice que le Souverain prenne en considération cette mise de temps & de travail de l'Auteur, la lumiere qu'il répand par son ouvrage, le service qu'il rend, la gloire même qu'il procure à sa Nation, & qu'il use de la facilité qu'a donnée l'invention de l'Imprimerie, de pouvoir plus aisément connoître & régir les sujets qui s'occupent de publier les ouvrages d'esprit, pour procurer à l'Auteur une rétribution avantageuse de son travail, un fruit utile de ses veilles. Je dis, Monsieur, que cette protection du Gouvernement pour l'Auteur, est de la plus souveraine équité. Si je dénie à celui-ci une propriété rigoureusement dite, en tant qu'on voudroit en faire dériver LE DROIT EXCLUSIF ET PERPÉTUEL de faire imprimer à TOUJOURS son ouvrage par tel Imprimeur qu'il voudra choisir, parce que réellement je ne peux concevoir un effet si immense d'une propriété renfermée dans un tiroir; je soutiens en même temps, & je fais gloire de soutenir, qu'un Gouvernement honnête, équitable, éclairé, touché de la gloire des Lettres, & des véritables avantages qu'elles procurent aux Nations, doit aux Auteurs une protection pleine & entiere, pour qu'ils retirent grandement, noblement LES FRUITS DE LEURS LABEURS; & que leur état ne leur soit pas moins utile pour la fortune, que les autres professions honorables de la société qu'ils auroient pu embrasser, & qui se seroient éclairées & glorifiées de leurs talens. En un mot, ce que je dénie à l'Auteur en *propriété*, je le lui rends en *suprême équité*. Ainsi en premiere ligne, & bien avant tous autres intérêts, sera l'intérêt de l'Auteur.

2°. Le Souverain a ensuite à considérer l'intérêt de l'Imprimeur choisi par l'Auteur. Car cet Imprimeur est, par ce choix, identifié avec l'Auteur, avec lequel il a fait des arrangemens pécuniaires. Or, il est clair que, si une concurrence avide & TROP PROMPTE de la part d'autres Imprimeurs, fait rester l'édition presque entiere dans les mains de celui-ci, parce qu'un autre qui n'aura point eu à reconnoître le travail de l'Auteur, donnera la sienne à meilleur marché, cet Imprimeur de l'Auteur se trouvera en perte forcée; qu'ainsi il donnera d'autant moins pour acheter un autre manuscrit; qu'ainsi les Auteurs se trouveront bientôt frustrés totalement du fruit de leur travail. Ces pertes ralentissant & étouffant leur zele, empêcheront une multitude de travaux utiles, & rameneront bientôt l'ignorance & la barbarie: ce qui nous mettra nécessairement dans une humiliante infériorité vis-à-vis des autres Nations qui auroient une Législation mieux ordonnée sur l'Imprimerie la Librairie. L'intérêt de l'Imprimeur de l'Auteur doit donc être au Souverain en singuliere recommandation, & marcher immédiatement après celui de l'Auteur.

3°. Mais le Souverain doit prendre aussi en très-grande considération l'intérêt de la Librairie & de l'Imprimerie entiere de son royaume. Dix mille familles y tiennent; &, n'y en eût-il que cent, il doit à ces cent, protection, justice, bienveillance, moyen de subsister, autant qu'il est en lui de les leur procurer par une Législation équitable. Or si, parce que des Imprimeurs auront traité avec des Auteurs pour l'achat d'un manuscrit quelconque, ils prétendent l'imprimer seuls jusqu'à la consommation des siecles, (en quoi d'abord ils auroient énormément lézé l'Auteur lui-même, à qui ils n'auroient pas payé la MILLIEME partie de ce qu'il auroit dû avoir) & veulent que les autres Imprimeurs soient tenus de mourir de faim autour d'eux; il est évident que le Souverain ne peut ni ne doit favoriser cette prétention meurtriere. Toute l'Imprimerie du Royaume se trouveroit concentrée par-là, entre douze à quinze familles de la Capitale, bien plus à portée de traiter avec les Auteurs, que des Imprimeurs de Province, & bien plus en état, par leurs gains antérieurs, de payer mieux les manuscrits, dont l'acquisition perpétueroit leurs monopoles. Les autres, sur-tout ceux des Provinces, se trouveroient réduits à n'imprimer que de ces livres dont la propriété n'appartient à personne : trop foible emploi qui bientôt feroit tomber leurs presses & leur fortune. Et encore, dans ces livres mêmes qui n'ont & ne peuvent plus avoir de maîtres, la prudence des Libraires de Paris a-t-elle su se ménager des Priviléges exclusifs.

Il faut donc que le Souverain, modérateur &

Juge suprême de ces divers intérêts se place entre l'Auteur & son Imprimeur, d'un côté ; la masse des Imprimeurs & des Libraires, de l'autre : il faut qu'il considere, avec équité, quel temps raisonnable peut être nécessaire à l'Auteur & à l'Imprimeur, pour se remplir largement & très-largement de leur temps, de leur mise, & de leur travail, pour procurer même à l'Auteur un avantage très-considérable qui encourage les Sciences, les Lettres, & les Arts. Il faut encore que si, DANS LE PREMIER TEMPS DONNÉ, la récolte n'a pas rempli les espérances, le Souverain se soit réservé de proroger & proroge en effet le terme de cette moisson exclusive ; mais il faut aussi qu'après un terme quelconque il ouvre la barriere, qu'il rende le champ libre, que les autres Imprimeurs puissent y moissonner à leur tour, & se mettre en état d'élever leurs familles, de payer les charges publiques, de soutenir & de faire prospérer l'une des branches les plus importantes de notre commerce.

On a dit qu'il falloit supprimer une partie des presses de Province, pour être en état de donner des continuations de Priviléges à celles de Paris.

Cette réponse s'annonce mal. Un expédient qui tend à détruire, est en général un expédient mauvais. Pourquoi priver un grand nombre de peres de familles de leur état, d'un état que leurs enfans embrasseront après eux, pour augmenter l'opulence de quelques citoyens de la Capitale ? Sur quoi porteroit la justice de cette opération ? D'ailleurs le Public en souffriroit. Il faut nécessairement dans les grandes villes, dans celles qui ont des Tribunaux souverains, ou des Tribunaux très-occupés, des Imprimeurs pour le service public, pour la défense des citoyens, pour leurs opérations & leurs affaires. Ces Imprimeurs ne peuvent cependant pas être occupés habituellement à ce genre de travaux. Il faut donc à leurs presses un aliment journalier, un emploi intermédiaire, & c'est celui d'éditions utiles. On leur doit donc les moyens de se les procurer.

4°. Le Souverain doit aussi considérer l'intérêt des Lettres, leurs progrès, l'avancement des Sciences & des Arts. Des discussions impartiales, des observations éclairées, une critique honnête & sévere peuvent beaucoup pour leurs progrès. Il faut donc que je puisse transcrire un texte d'un Auteur, plus ou moins étendu, pour le mettre sous les yeux du Lecteur, & le rendre lui-même le juge de mes observations & de ma critique. Il a donc fallu éviter *un exclusif perpétuel*, qui m'ôteroit cette faculté ; & ceci, pour l'observer en passant, fournit un argument assez fort. Ou je puis commenter & citer soit un grand morceau de prose, soit cent vers, cent cinquante, cinq cent vers, si j'en trouve cinq cent à critiquer, ou je ne le puis pas.

Dans le premier cas, la propriété est illusoire ; car si je puis critiquer cinq cent vers, je puis critiquer le Poëme entier, la Tragédie entiere, & conséquemment faire imprimer le tout avec mes observations & ma critique. Dans le second cas, les Lettres & les Sciences restent enchaînées, leur progrès intercepté. Vainement on aura voulu briser leurs chaînes. Non-seulement on ne pourra À PERPÉTUITÉ imprimer l'ouvrage d'autrui, mais même on ne pourra le critiquer ; car, pour le critiquer, il faut en transcrire la portion critiquée. On devra donc à tous les ouvrages un silence respectueux ; & plus l'ouvrage sera mauvais, plus son Auteur aura droit à ce silence, parce qu'il y auroit précisément un plus grand nombre de morceaux de son ouvrage à transcrire pour les critiquer, & par conséquent une plus grande violation de la prohibition : ainsi le plus mauvais Auteur, en vertu de son droit inviolable, perpétuel,

> *Prétendra que tout homme sage*
> *Étoit tenu de l'honorer.*

C'est assûrément ce qu'une Législation bien ordonnée n'a jamais ni pu, ni dû, ni voulu permettre. Elle doit au contraire ouvrir un champ très-libre à une critique éclairée & honnête, l'encourager même pour l'avancement des Sciences & des Lettres, conséquemment permettre toutes les transcriptions ; même de l'ouvrage entier, si elle est nécessaire, pour qu'une critique judicieuse puisse s'exercer. Les gens de Lettres ont donc dû aussi être considérés par le Souverain comme Censeurs respectifs, & dès-lors comme ayant droit de commenter, de critiquer respectivement leurs ouvrages, d'en faire imprimer librement des portions plus ou moins étendues, autant qu'il leur paroîtra nécessaire pour remplir leur objet ; & cette considération importante a dû encore militer contre l'asservissement absolu de la presse, par des Priviléges EXCLUSIFS ET PERPÉTUELS.

5°. Le Souverain doit aussi considérer l'intérêt du reste de ses sujets, auxquels il doit procurer l'achat des livres à un prix raisonnable & proportionné à leurs moyens. Les livres sont aujourd'hui une dépense considérable dans la fortune de chaque citoyen. Soit besoin, soit ostentation, soit l'un & l'autre ensemble, il n'est guere de gens, dans les états instruits de la société, qui n'en rassemblent un assez grand nombre, & qui ne tendent peu à peu à pouvoir dire *ma Bibliotheque*. Les gens de Lettres sur-tout en ont un besoin réel, puisque les livres sont le fond & l'objet perpétuel de leurs travaux ; & l'opulence n'est pas toujours le partage de la Littérature & des talens. Or si, par des Priviléges exclusifs, les meilleurs ouvrages, les plus usuels, les plus nécessaires appartiennent,

comme

comme un parc bien fermé de murs, à un petit nombre de familles, ces familles abuseront nécessairement de leur droit exclusif pour en augmenter excessivement le prix. Elles appelleront à leur secours le luxe typographique, les vignettes, les culs-de-lampe, les estampes, le beau papier, les beaux caracteres, pour voiler un peu l'énormité de leurs gains. Le Journaliste que je vous ai déja cité, prétend * que les Imprimeurs vendroient aujourd'hui cent francs une Bible *in-folio* de Robert Étienne, imprimée en 1552, qui se trouve dans la Bibliotheque de Sorbonne, taxée à *cent sols*, en exécution du droit qu'avoit alors l'Université de faire la taxe du prix des livres, laquelle devoit être affichée dans les boutiques. En supposant que ce prix de cent francs soit exagéré, toujours est-il certain que l'exclusif engendreroit nécessairement une cherté énorme, suite infaillible du monopole †,

* Page 39, *ibidem*.

† Pour bien faire sentir tout l'odieux d'un tel monopole, il est intéressant de rapporter ici un morceau d'un ancien Mémoire, imprimé au Conseil du Roi, pour la Communauté des Marchands Libraires-Imprimeurs de la ville de Rouen; contre Sébastien Huré, Marchand Libraire-Imprimeur à Paris.

Les Imprimeurs de Rouen soutenoient avoir été en droit de faire imprimer les *Méditations de Buzée*, après l'expiration du Privilége d'Huré en 1655, & ils disoient : » Et » partant il se remarque que lesdits particuliers, Libraires de

Delà il arriveroit ou des contrefaçons dans l'intérieur du Royaume, ou une importation du dehors qui feroit sortir beaucoup d'argent tous les ans.

---

» Rouen, sous les assurances de leurs Réglemens & Arrêts, » ont été en droit, après le Privilége dudit Huré de l'année » 1655 expiré, de faire imprimer ledit livre, & pour en avoir » été empêché par ledit Huré, qu'il est condamnable en tous » leurs dépens, dommages & intérêts.

» Ce n'est pas d'aujourd'hui que cette question s'est agitée : » elle a été tant jugée de fois au profit des défendeurs, qu'il » y avoit lieu de croire qu'il ne s'y commettroit plus de » contraventions, notamment après *l'Arrêt contradictoire » du Parlement de Paris, du 7 Septembre 1657, si so» lemnellement rendu entre les Communautés de Paris & de » Rouen, sur un renvoi fait par le Conseil audit Parle» ment, par lequel lesdites continuations ont été très-expres» sément défendues, à moins d'une augmentation* DU » QUART.

» La justice de cet Arrêt est fondée sur l'utilité, tant géné» rale de tout le Royaume, que particuliere de tous les » Libraires.

» *Le Royaume en général souffre extraordinairement par » les abus desdites continuations*; car, comme par ce moyen » les Imprimeurs de Paris se perpétuent, & conservent dans » leurs familles, COMME DES HERITAGES, les livres qu'ils im» priment, ils s'attribuent la liberté d'y mettre tel prix qu'ils » veulent, & font ainsi des exactions inconcevables. Par » exemple, au livre dont il s'agit, le dit Huré l'a vendu 40 sols, » chaque exemplaire; & les Défendeurs offrent de le don» ner, aussi bien imprimé, d'aussi bon papier, & plus correct, » POUR LA MOITIÉ MOINS; & ainsi des autres livres à propor-

6°. Enfin, le Souverain doit prendre en considération l'intérêt général de son État, qui lui

---

» tion : CE QUI SE MONTE A PLUS DE DEUX OU TROIS MIL» LIONS, qui se levent mal à propos de cette maniere PAR AN, » sur les sujets du Roi, par le moyen desdites continuations.

» Au lieu que, s'il n'y en avoit point, les livres seroient » à un prix raisonnable, & le pauvre en pourroit aussi bien » avoir que le riche; mais il s'en voit privé par la cherté » excessive que lesdits Priviléges causent.

» Cette témérité de quelques Imprimeurs de Paris, a été » jusques à ce point de prétendre de pareils Priviléges sur les » Rudimens, Grammaires, & autres menus livres, afin que » tout le Royaume fût sous leur dépendance. Ce que Nosseigneurs du Conseil réprimeront, s'il leur plaît.

» Si ces sortes de Priviléges ont lieu, les Libraires du » Royaume N'ONT QU'A TOUT QUITTER ET ABANDONNER; » puisqu'il est certain que tous les bons livres s'impriment plutôt » à Paris qu'ailleurs; ainsi ils ne peuvent rien espérer, & seront » par ce moyen réduits à ne pouvoir entretenir leurs familles.

» C'est pourquoi, pour donner quelque tempérament à » cette effrénée licence que prenoient lesdits Imprimeurs » de Paris, ledit Arrêt du Parlement de Paris a judicieuse» ment défendu d'obtenir aucunes prolongations, SANS UNE » AUGMENTATION D'UN QUART «.

Ce morceau est un peu long, mais il nous apprend, 1°. que l'Imprimeur Huré, AU MOYEN DE SA PROLONGATION DE PRIVILÉGE vendoit QUARANTE SOLS ce que les Imprimeurs de Rouen offroient de donner pour *vingt*, & ce qu'ils assûroient dans un autre endroit du Mémoire, NE PAS REVENIR A QUINZE SOLS. 2°. Que ce monopole montoit à plus *de deux ou trois millions par an*; & il doit être de plus du double par an aujourd'hui, attendu l'augmentation du prix des livres, recommande de soutenir la concurrence de la Typographie Françoise, vis-à-vis de la Typographie Etrangere; de maintenir, & de faire prospérer une branche de commerce très-importante qui apporte beaucoup d'argent du dehors, & qui en conserve beaucoup au dedans: intérêt qui vaut bien celui de *quinze Veuves* jettées en avant, pour faire diversion. Or cette branche de commerce tomberoit nécessairement par la ruine d'une grande multitude de ses agens, si ceux-ci étoient sacrifiés par des Priviléges exclusifs, à l'accroissement rapide de la fortune d'un petit nombre d'entr'eux. Déja même elle est tombée. Déja la Typographie Françoise touche à sa ruine, par l'effet nécessaire des Priviléges exclusifs, ou des Priviléges trop prolongés. Je ne puis mieux faire, Monsieur, que de

---

& l'augmentation de cette branche de commerce. 3° Que les Parlemens non moins convaincus que le Conseil du Roi, des funestes effets des continuations de Priviléges, EXIGEOIENT TRÈS-EXPRESSÉMENT L'AUGMENTATION D'UN QUART dans l'ouvrage, pour qu'on pût être admis à les demander. 4°. Que cet abus entraînoit la ruine des autres Imprimeurs, au point qu'ils se déclaroient forcés DE TOUT QUITTER ET ABANDONNER. 5°. Qu'il étoit impossible aux personnes peu aisées d'atteindre au prix des livres, PAR LA CHERTÉ EXCESSIVE QUE LES PRIVILÉGES CAUSENT. De tels faits, qui ne font que retracer à nos yeux ce que nous voyons de nos jours, étoient sans doute de nature à attirer l'attention d'un Gouvernement juste & éclairé.

vous transcrire ici un passage très-important & très-digne d'attention du *discours impartial* déja cité, (page * 26.) » On pourroit compter actuelle-» ment sur les frontieres du Midi de la France, à » Geneve, Lausanne, Yverdun, &c. PLUS DE » 200 PRESSES, QUI N'EXISTOIENT PAS IL Y A » DIX ANS. Les Gazettes Etrangeres sont infectées » d'avis indécens, *où l'on annonce nos propres* » *ouvrages*. Les Libraires de Paris auroient repré-» senté que les Libraires de France payant un im-» pôt considérable sur le papier blanc, QUI N'A » PAS LIEU LORSQUE CE PAPIER PASSE A L'ETRAN-» GER, les Imprimeurs Suisses, Genevois, peu-» vent donner la feuille imprimée *A 30, 40 POUR* » *CENT MEILLEUR MARCHÉ QUE DANS LES* » *PROVINCES*. Aussi les proposent-ils *A NEUF* » *DENIERS*. Certaines Provinces, l'Alsace, la » Franche-Comté sont inondées de cette espece » de livres qui enlevent la subsistance d'une foule » de familles, & qui font un tort incroyable aux » Imprimeries du Royaume. *CES ÉTABLISSE-* » *MENS N'AUROIENT PAS EU LIEU SANS* » *LES PRIVILÉGES PERPÉTUELS, &c.* «

* Du *Discours impartial*.

Le Souverain doit donc prendre aussi en considération un si puissant intérêt, & y pourvoir par les moyens réunis de sa sagesse & de sa puissance. L'invention de l'Imprimerie est un bienfait commun, dont chacun doit retirer un avantage proportionné. Elle ne doit être une cause de ruine pour personne, ni pour les particuliers, ni pour l'Etat.

Telles sont, Monsieur, les diverses considérations dont une Administration sage a du s'occuper, lors de la naissance de l'Imprimerie.

Il n'est, je crois, personne qui ne les trouve très-équitables, & qui ne desirât, si l'intérêt personnel n'offusque point son entendement, d'avoir une Législation calquée sur ces principes.

Or, cette Législation, Monsieur, on vient de nous la donner par des Arrêts du Conseil, qui, en y ajoutant peut-être quelques développemens implicitement renfermés dans leur texte & leur esprit, sont déja une loi d'équité & de raison.

Voyons d'abord comment les Auteurs y sont traités. Art. 5. » Tout Auteur qui obtiendra en » son nom, le Privilége de son ouvrage, *aura le » droit de le vendre chez lui*, sans qu'il puisse, sous » aucun prétexte, vendre ou négocier d'autres livres, » *& jouira de son Privilége* POUR LUI ET SES » HOIRS A PERPÉTUITÉ, pourvu qu'il ne le » rétrocede à aucun Libraire, auquel cas, la durée » du Privilége sera, par le fait seul de la cession, » réduite à la vie de l'Auteur «.

Voilà le premier titre écrit dans toute la Législation de la Librairie, qui prononce qu'un Auteur pourra faire vendre chez lui à perpétuité son ouvrage; & qu'il jouira, *lui & ses hoirs à perpétuité*, d'un Privilége que personne ne pourra partager, ni avec lui, ni avec eux.

Les anciens Réglemens le lui défendoient expressément. L'art. 4 du tit. 2 du Réglement de 1723, (le dernier Réglement général sur cette matiere,) porte expressément: » Défenses sont faites à toutes » personnes de quelque qualité & condition qu'elles soient, *autres que les Libraires & Imprimeurs*, » de faire le commerce de livres, en vendre & » débiter aucuns, les faire afficher pour les ven- » dre en leurs noms, *SOIT QU'ILS S'EN DISENT* » *LES AUTEURS OU AUTREMENT*, .... *A* » *PEINE DE CINQ CENT LIVRES D'AMENDE*, » *DE CONFISCATION*, *ET DE PUNITION* » *EXEMPLAIRE* «.

Ainsi ce qui étoit, auparavant le nouveau Réglement, poursuivi comme un délit digne de *punition exemplaire*, est aujourd'hui converti par une Législation bienfaisante, en une jouissance honorable, en une propriété rémunératoire, héréditaire, transmissible jusqu'à la postérité la plus reculée, tant qu'on voudra (ce que font déja plusieurs Auteurs) garder cette propriété dans ses mains.

Ainsi le Souverain applique ici en faveur de l'Auteur & *de ses hoirs à perpétuité*, l'exercice de sa puissance prohibitive, qu'en rigueur de droit il ne lui devoit pas.

Il ne le lui devoit pas : car, avant l'invention de l'Imprimerie, les ouvrages d'esprit se communiquoient à l'insçu de l'Auteur; malgré l'Auteur; au détriment même d'un Auteur qui se feroit prémuni d'un grand nombre de copies faites à ses frais, sans qu'il pût ni l'empêcher, ni se plaindre.

Or, le changement du moyen de communiquer les pensées, n'a pas dû créer, n'a pas dû conquérir aux Auteurs une faculté prohibitive qu'ils n'avoient pas auparavant. Leur condition n'a dû devenir ni pire, ni meilleure. Le Souverain ne leur devoit, à aucun titre, de les défendre davantage contre les faiseurs d'imprimés, que contre les faiseurs de copies. Il ne devoit pas davantage leur sacrifier les moyens de subsister de ceux-là, que les moyens de subsister de ceux-ci. C'étoit à eux seuls à défendre, comme ils le pourroient, par la célérité de l'exécution & le bon marché de la vente, leur entreprise *pécuniaire*, contre la concurrence des Imprimeurs, comme ils la défendoient auparavant contre la concurrence des Copistes. Cela est si vrai, que, jusqu'en 1507, il n'étoit même tombé dans l'esprit d'aucun Auteur de demander un Privilége exclusif; qu'Erasme le premier, en le demandant, ne le demanda que pour deux ans, & qu'il se crut, comme vous l'avez vu plus haut, Monsieur, fort heureux de l'obtenir.

Et pourquoi personne jusqu'à Erasme ne le demanda-t-il ? Pourquoi Erasme lui-même ne le demanda-t-il que pour un temps très-court ? C'est qu'on sentit que l'accorder étoit une faveur, & non une justice étroite. Le profit pécuniaire (ce qu'on ne veut jamais entendre,) est le résultat de deux choses distinctes : la composition de l'ouvrage *par l'Auteur* ; la jonction à cet ouvrage, du papier & du travail typographique, *par un Imprimeur quelconque*. L'ouvrage sans les presses ne produit point d'argent : les presses sans l'ouvrage n'en produisent pas davantage. Ainsi, demander un Privilége *exclusif & perpétuel* qui tienne tous les Imprimeurs d'un Royaume forcément oisifs, à l'exception d'un seul, c'est, quoiqu'on ne fournisse qu'une *partie*, demander le profit du *tout*. On ne pourroit donc le demander qu'à titre de grace, *grace fondée en Justice*, j'en conviens, quand elle est bornée à un temps limité ; mais cependant une grace.

Néanmoins, puisqu'une heureuse découverte est venue enrichir les Sciences & les Arts, le Souverain a voulu qu'elle fût un bienfait commun, & que chacun pût s'en ressentir dans une sorte de proportion réglée sur le titre & sur l'intérêt de chacun.

Le titre de l'Auteur est d'avoir créé l'ouvrage. Il a paru mériter, & il méritoit en effet, comme je vous le disois plus haut, Monsieur, une préférence plus marquée, un traitement plus avantageux. Le Souverain en conséquence lui crée ici *un patrimoine, pour lui & ses hoirs à perpétuité*, tant qu'il gardera sa propriété dans ses mains. Il lui crée *un patrimoine d'honneur*, de ce qui eût été auparavant pour lui une sorte de crime, menacé *d'une punition exemplaire*. Et vous voyez par-là, combien ce Réglement, contre lequel on redouble de clameurs, à mesure qu'on redouble de bonnes raisons pour le défendre, change avantageusement les notions reçues; notions cependant contre lesquelles aucun Homme de Lettres ne s'avisoit de réclamer. Chose étrange! Tous souffroient patiemment la défense; on en a entendu quelques-uns s'élever contre la restauration, ou plutôt la création de leur liberté! Le Souverain fait ici pour l'Auteur beaucoup plus que celui-ci n'avoit jamais eu avant l'invention de l'Imprimerie; beaucoup plus encore qu'il n'eut dans le premier siecle qui suivit cette découverte; beaucoup plus même qu'il n'avoit eu jusqu'à ces derniers temps.

Et certes, quand on compare la modeste & timide demande d'Erasme, avec la jouissance indéfinie qui est ici donnée aux Auteurs par l'Art. 5, & qu'il ne dépend que d'eux de rendre perpétuelle, *jouiſſance dont ils n'avoient eu aucun titre écrit jusqu'à ce Réglement*, *jouiſſance que même on leur avoit convertie en crime*, on eſt forcé d'avouer que ce Réglement pourvoit aſſez noblement, aſſez grandement à leurs intérêts, & ſans doute la claſſe des Gens de Lettres, toujours muette tant que ſa propriété fut retenue captive, croira de ſa gratitude, comme de ſa juſtice, d'élever enfin la voix, & de ne pas laiſſer plus long-temps calomnier le bienfait.

Après l'Auteur vient l'Imprimeur, ceſſionnaire de l'Auteur. Cet Imprimeur a mérité auſſi, avant tous ſes Confreres, que le Souverain lui appliquât d'abord, par l'exercice de ſon pouvoir prohibitif, le bénéfice de la découverte de l'Imprimerie : car il fait une miſe hazardeuſe, il imprime le premier un ouvrage qui peut ne pas réuſſir.

C'eſt auſſi ce que le Souverain fait par les art. 3 & 4 du même Arrêt, en ces termes. Art. 3. » Les Priviléges qui ſeront accordés à l'avenir pour » imprimer des livres nouveaux, *ne pourront être » d'une moindre durée que de dix années.* Art. 4. » Ceux qui auront obtenu des Priviléges en jouiront non-ſeulement pendant tout le temps qui » y ſera porté, *mais encore pendant la vie des » Auteurs, en cas que ceux-ci ſurvivent à l'expiration des Priviléges* «.

Ensuite, quand le Souverain a jugé que l'Auteur & l'Imprimeur son cessionnaire ont retiré un ample avantage de la prohibition qu'il a bien voulu employer en leur faveur, & qu'il ne leur devoit pas *, il retire, si je puis m'exprimer ainsi, l'empêchement de sa main, il admet les autres Imprimeurs ses sujets, à jouir aussi du bénéfice de l'Imprimerie dans son royaume. Il ne les réduit pas à être spectateurs impuissans des gains d'autrui, dans un champ commun entr'eux; puisque c'étoit sa main seule qui leur en avoit fermé la barrière. Il établit une utile concurrence, il en laisse les Imprimeurs eux-mêmes les seuls Juges; & il accorde pareillement des Priviléges à ceux qui ont voulu s'y engager, & qui ne s'y engagent qu'en connoissance de cause, s'étant bien instruits des Priviléges déja existans. Ce sont les dispositions des Art. 6 & 7 du même Arrêt. Art. 6: » Tous » Libraires & Imprimeurs pourront obtenir,

* Une fois pour toutes, je parle ici en *rigueur de droit*, & pour ne pas admettre l'assertion d'une propriété que je ne puis aucunement me persuader; car *en équité*, il leur doit à l'un & à l'autre, *préférence & protection*. 1°. Pour recouvrer leurs dépenses. 2°. Pour avoir un bénéfice juste & très-considérable, sans exclusion pour des bénéfices subséquens, de la part des autres Imprimeurs. Et voilà où il falloit raisonnablement fixer toute prétention.

» APRÈS L'EXPIRATION DU PRIVILÈGE D'UN » OUVRAGE, ET LA MORT DE SON AUTEUR, » une permiſſion d'en faire une édition, ſans » que la même permiſſion accordée à un ou » pluſieurs, puiſſe empêcher aucun autre d'en » obtenir une ſemblable «. == Art. 7.... » Et » pour favoriſer les ſpéculations de commerce, » il ſera donné à ceux qui ſolliciteront une per- » miſſion de cette eſpece, connoiſſance de » toutes les permiſſions du même genre, qui » auroient été données à d'autres pour ce même » ouvrage, & du nombre d'exemplaires qu'il » leur a été permis d'en tirer «.

Et néanmoins comme il n'auroit pas manqué d'arriver qu'un Imprimeur auroit demandé des permiſſions pour tous les ouvrages qu'il ſe feroit imaginé pouvoir lui donner quelque profit, ſi ces permiſſions n'avoient coûté que la peine de les demander, de même qu'on a vu, il y a trois ans, des gens ſe faire inſcrire à la Police, pour quatre ou cinq métiers à la fois, on a jugé néceſſaire de réfréner une cupidité vague par un modique droit, dont la deſtination eſt indiquée par le Reglement même. » Sa Majeſté, ne vou- » lant pas permetre, porte l'Article 8, que » l'obtention de ces permiſſions ſoit illuſoire, » & qu'on en obtienne ſans l'intention de les » réaliſer; ordonne qu'elles ne feront accordées

» qu'à ceux qui auront acquitté le droit porté » au tarif, qui sera arrêté par Monsieur le Gar- » de des Sceaux «. Ainsi un Imprimeur ou un Libraire viendra dans le bureau où sera affiché le tableau de toutes les permissions devenues impétrables : sur cent, je suppose, qu'il trouvera affichées, il en demandera six, huit, parce qu'il voudra réellement en user; il n'en demandera pas 25, 30, 40, uniquement dans la vue d'inquiéter un confrere par la crainte d'une concurrence, qu'au fond il ne effectueroit pas, & uniquement pour l'amener à quelque capitulation avec lui : car si chaque permission coûte 50, 60 liv. il ne sera pas curieux de perdre 12 à 1500liv. pour demander une chose dont il n'aura pas besoin, dont il ne se propose pas de profiter. Ainsi, & la faculté illimitée de toute demande de permission, & le léger correctif de l'usage de cette faculté illimitée, & la juste restriction des Priviléges, & le plus grand encouragement possible donné à l'Imprimerie languissante & captive, tout cela marche d'un pas égal, tout tend au même but, au plus grand bien de l'Art en lui-même, de ceux qui s'y sont livrés, & de tous les citoyens qui ont besoin de ses productions.

Je ne sais si je me trompe, Monsieur; mais il me semble que ces derniers articles sont le salut de l'Imprimerie Françoise, & un gage assûré de sa renaissance & de sa splendeur. On ne verra plus mille Imprimeurs, mille peres de famille dans le Royaume, humblement prosternés aux pieds de sept ou huit opulens confreres, porteurs de Priviléges exclusifs, & prétendus perpétuels, attendre qu'il plaise à ceux-ci de leur en relâcher quelques parcelles pour subsister. L'un appuyé sur son Moliere, l'autre sur son Fénelon, celui-ci sur son Bossuet, celui-là sur son Corneille &c, comme un fleuve sur son urne, répand l'abondance sur ses fils, sur ses gendres, sur tout ce qui l'environne; jouit de tous les agrémens de la vie à la ville & à la campagne; a un grand état, une représentation brillante, pendant que le malheureux Imprimeur de Province *expectat dùm defluat amnis*, &, sans le nouveau reglement, auroit attendu long-temps; parce qu'au moyen du Privilége *perpétué indéfiniment* (ce qui dans le fait équivaut à *perpétuel*),

*Labitur & labetur in omne volubilis ævum.*

Par le nouveau Reglement, l'Auteur, son Imprimeur, les autres Imprimeurs, ont chacun leur part, & dans une juste proportion, du bénéfice que l'Imprimerie procure aujourd'hui, au lieu des copies de livres, bénéfice qu'elle ne procureroit à personne, observez ceci, je vous prie,

Monſieur, (parce que chacun envahiroit l'un ſur l'autre, & qu'elle les entraîneroit tous dans une ruine commune, ſans la ſage intervention du Souverain.)

Après avoir pourvu à ces intérêts privés, les nouveaux Réglemens ſe prêtent enſuite un ſecours mutuel qu'un obſervateur tant ſoit peu éclairé ſaiſit aiſément, en les prenant dans leur enſemble; & le voici ce ſecours mutuel.

Les Priviléges ne ſont point utiles à ceux qui les obtiennent, SI LES CONTREFAÇONS LES RENDENT ILLUSOIRES, vérité inconteſtable. Les Incas, les Sermons du Pere de Neuville, les Lettres de Ganganelli, les Mémoires de Noailles, viennent d'être contrefaits avant que l'édition originale eût paru : ce ſont des faits conſtans dans la Librairie.

Il a donc fallu combatre les contreſaçons dans le principe même de cupidité qui les produit, en donnant l'eſpoir d'une concurrence *légale* à ceux qui n'avoient qu'une concurrence *frauduleuſe*, & qui, par une privation abſolue, ſe portoient, ſe trouvoient même en quelque ſorte forcés, à courir les riſques de contrefaire.

*IL A DONC FALLU LIMITER LA DURÉE DES PRIVILEGES*, pour leur donner une valeur, qui, par l'abus des contrefaçons, n'étoit qu'illuſoire, *& même ruineuſe pour le porteur du Privilége*, témoins

témoins les quatres contrefaçons que je viens de vous citer.

Il a donc fallu assister la concurrence des permissions à obtenir par tout le monde *à une époque donnée*, afin d'empêcher cette même concurrence, c'est-à-dire, les contrefaçons *dans le moment*, & afin de faire jouir l'Imprimerie d'un Privilége qui fût un vrai Privilége.

C'est ce qu'on a fait.

Mais il reste à faire quelque chose de plus important encore.

Après avoir pourvu à l'intérêt respectif de nos Imprimeurs & de nos Libraires, il faut pourvoir à l'intérêt général de la Typographie Françoise vis-à-vis de la Typographie Etrangere. Deux cent presses établies * sur nos frontieres, & qui ont pour elle, outre le bas prix de la main-d'œuvre, *l'avantage de la franchise sur les papiers*, formoient une confédération destructive de l'industrie nationale. Leurs propriétaires pouvant donner leurs livres à trente, quarante pour cent meilleur marché qu'en France, trouvoient dans les Libraires des Provinces autant d'agens intéressés à négocier les productions de leurs Imprimeries.

---

* Voyez ci-dessus page 37, le passage tiré du *Discours impartial*.

A cela, qu'opposent les nouveaux Réglemens ? Une ligue défensive. Ils invitent * tous les Libraires du Royaume à se réunir pendant quinze jours tous les six mois dans un même lieu : là, les Priviléges se diviseront, se subdiviseront naturellement, chaque acquéreur deviendra un surveillant intéressé à la vente exclusive de l'objet commun. Le concours des négocians rendra la condition des vendeurs plus avantageuse, celle des Auteurs plus indépendante, & fournira à ceux-ci, lorsqu'ils auront fait imprimer pour leur compte, des débouchés prompts & assûrés qui réellement les inviteront à garder leur Privilége dans leurs mains.

Tout se tient dans ce plan général, & cela sans autre lien que celui de la liberté, sans autre secours que l'intérêt solidaire ; & c'est-là, Monsieur, le caractere propre des loix de commerce : restreindre autant qu'il est possible le systême prohibitif, ouvrir des communications, rassembler les hommes, leur indiquer le lieu & l'époque de leur réunion, leur faciliter les moyens de traiter, puis les laisser agir. Ici le Législateur s'arrête, & ne se réserve plus que le soin d'encourager.

---

† Autre Arrêt du 30 Août 1777, portant établissement de deux ventes publiques.

Or je trouve tout cela dans les nouveaux Réglemens, & peut-être un peu trop de liberté * sur un certain point, lorsqu'on crie si fort à la gêne, & qu'on les présente comme donnant des entraves à l'Art qu'ils ont pour objet unique de faire prospérer.

Je regarde donc ce nouveau Réglement, & je le dis en ce moment avec la plus intime conviction, comme un composé de justice & de sagesse, qui doit mériter à ses Auteurs, de la part des gens de Lettres & des Imprimeurs pris en général, la plus juste & la plus vive reconnoissance, & en même temps comme une excellente opération d'Administration, qui soutiendra & occupera en cette partie le commerce National vis-à-vis de l'Etranger. J'en dirois bien plus encore, si je ne haïssois mortellement le ton louangeur. Mais en vérité, il est pourtant bien permis de louer avec force, & même avec une certaine humeur, quand on entend crier aveuglément contre un Réglement qui donne, qui décerne aux gens de Lettres, *pour eux & leurs hoirs à perpétuité*, un très-b[illegible] droit; & quand on pense que pas un seul ne réclama lorsqu'on leur défendit l'usage de ce même droit, non pas seulement *à perpétuité*, non pas seule-

---

* Voyez ci-après, page 70 & suiv.

ment *pour leurs hoirs*, mais pour eux-mêmes *à peine de punition exemplaire.*

Rappellons néanmoins ce qu'on oppose à ces Réglemens, pour les taxer d'injustice; & vous verrez, Monsieur, combien, quand on examine les choses sans partialité & de sang froid, il sera aisé d'y répondre.

Premiérement, dit-on, c'est un avantage illusoire d'accorder à quelqu'un un Privilége *pour lui & ses hoirs à perpétuité*, à condition qu'il le fera valoir par ses mains, sans pouvoir le céder à personne; c'est à la fois reconnoître sa propriété & la lui ravir : s'il n'a ni le goût, ni le tems, ni les moyens de faire faire une édition pour son compte, il perd donc le fruit de sa création.

Je réponds d'abord : non, il ne le perdra pas; car on verra dans un moment, par l'examen impartial des avantages accordés à l'Imprimeur son cessionnaire, que jamais les gens de Lettres qui ne voudront pas user de leur droit par eux-mêmes, n'auront tiré un plus grand avantage de leurs productions, que depuis ce nouveau Réglement.

Je réponds ensuite, que cet avantage, prétendu illusoire, on ne le leur devoit même pas. J'ai prouvé plus haut, que le Souverain n'étoit nullement obligé d'employer sa puissance prohibitive, pour ménager à un Auteur des gains plus longs & plus durables ; que, pourvû que l'Imprimerie ne rendît pas sa condition pire, il n'avoit nul droit de demander qu'elle la rendît meilleure ; que c'étoit à lui à se défendre par ses propres forces contre les Imprimeurs ; de même qu'avant l'invention de l'Imprimerie, il se défendoit par ses propres forces contre les Copistes ; que, reconnoissant l'insuffisance de ses forces, & s'adressant au Souverain pour lui demander le secours de son pouvoir prohibitif, le Souverain pouvoit très-légitimement, très-équitablement apposer en faveur d'une classe de ses sujets, une condition à ce bienfait, puisque c'étoit de sa part un bienfait, & non une dette étroite de sa justice.

Je réponds encore, qu'il n'y a qu'à lire les prohibitions du Réglement de 1723, pour voir combien le nouveau Réglement change en mieux la situation des Auteurs, & encourage honorablement leurs travaux.

J'ajoute enfin, que, si l'on eût donné au cessionnaire de l'Auteur le Privilége *pour lui & ses hoirs à perpétuité*, comme à l'Auteur lui-même, ç'auroit été maintenir & renforcer les entraves qu'on vouloit très-justement briser : ç'auroit été faire un plan d'une main, & le renverser de l'autre.

Au ſurplus, s'il eſt vrai, comme on n'en peut douter, que l'exercice de la propriété *eſt néceſſairement ſoumis aux loix du pays qu'on habite*; en admettant ici pour un moment, que la compoſition d'un ouvrage donne A PERPÉTUITÉ un droit excluſif, comme la propriété d'une maiſon, d'un champ, d'une rente; pourquoi, je vous prie, une loi générale, lorſqu'on a une fois reconnu combien ce Privilége perpétuel eſt nuiſible à dix mille familles, ne pourra-t-elle pas modifier ce Privilége, le limiter dans ſa durée? de même que des loix générales ont ordonné que je perdrai la garantie d'une lettre de change, ſi je ne l'exerce pas dans un temps donné; que de trente années d'une rente conſtituée, je n'en pourrai demander que cinq; qu'au bout de trente années, je perdrai ma rente même, ſi je n'en ai pas fait renouveller le titre; que je perdrai la huitieme ou neuvieme partie de mon terrein pour l'alignement de la rue où il eſt ſitué; que je ne pourrai ni donner, ni recevoir des biens ſitués dans telle ou telle Coutume, ni les donner à tel ou tel individu; que je ne pourrai clorre mon héritage, &c. Perſonne ne s'eſt jamais aviſé de trouver ces loix *injuſtes*, quoiqu'on ait pu les trouver *gênantes* ou même *rigoureuſes*, & l'on ne s'en eſt pas aviſé, parce que l'intérêt général de la ſociété les ayant dictées, par cela même en garantiſſoit la juſtice.

A la bonne heure, disent des Contradicteurs plus modérés, nous sentons bien qu'un Privilége exclusif donné à un Imprimeur cessionnaire JUSQU'A LA CONSOMMATION DES SIECLES, pourroit, à la longue, paroître fort ennuyeux à tous ceux qui n'en jouitoient pas, & qu'à la fin ce seroit armer quinze ou vingt familles A PERPÉTUITÉ contre le Corps entier des Imprimeurs d'un grand Royaume, qui ont des charges publiques à supporter, des enfans à élever, à établir, &c. Mais aussi n'a-t-on pas donné dans une extrémité opposée ? N'a-t-on pas fixé un terme trop court ? Qu'est-ce que dix années ? Qu'est-ce encore que le terme précaire & casuel de la vie d'un Auteur, qui peut mourir au milieu d'une édition de quatre volumes *in-folio*, huit vol. *in*-4°, & ruiner son Imprimeur *& ses hoirs à perpétuité*.

Pour toute réponse : prenez & lisez. Où avez-vous vu, leur dirai-je, qu'on ne donne qu'un terme de dix années ? L'article dit : *NE pourra être moindre* QUE *de dix années*. Mais où est-il dit, qu'il ne pourra être plus long ? L'article suivant n'annonce-t-il pas même une durée plus longue, en se servant de l'expression indéfinie, *pendant* TOUT LE TEMPS *qui y sera porté ?* Et quant à la vie de l'Auteur, elle n'est point employée dans l'Arrêt comme l'alternative des dix années, mais comme ajoutée à ces dix années,

L'Article 4 est clair : » Ceux qui auroint obtenu » des Priviléges en jouiront non-seulement pendant tout le temps qui y sera porté, MAIS » ENCORE PENDANT LA VIE DES AUTEURS, » *en cas que ceux-ci survivent à l'expiration des* » *Priviléges*. « Ainsi il y a, premiérement, les dix ans AU MOINS ; secondement, en sus des dix ans ET PLUS, (puisqu'on accordera plus, suivant l'importance de l'ouvrage,) il y a tout le cours de la vie de l'Auteur, cela est positif ; troisiémement, il y a une autre prolongation de Privilége, que je rappellerai dans un moment.

Mais voyons ce qui se passe en Angleterre, le siége de la propriété par excellence, si l'on en croit certaines personnes. Voici ce que nous dit à cet égard un Auteur qui paroît instruit, dans le *Discours impartial* déja cité, page 15. » En Angleterre, où les droits sacrés de la propriété » sont plus inviolables qu'ailleurs, les Priviléges » sont limités à quatorze années, & si l'Auteur » survit à ces quatorze années ; il obtient UN » DERNIER Privilége de quatorze autres années «. Et effectivement le Statut de la Reine Anne renferme ces dispositions.

On a donc pensé que vingt-huit ans étoient un terme suffisant pour remplir l'Imprimeur cessionnaire de sa mise, & du prix, quelque considérable qu'il fût, qu'il auroit payé à l'Auteur.

On a pensé que l'Auteur lui-même étoit très-libéralement traité par ce terme de vingt-huit années, & qu'il devoit avoir recueilli une abondante moisson de ses travaux. Aussi n'a-t-il pas fallu à beaucoup près ce terme aux Pope, aux Fielding, aux Robertson, aux Richardson, aux Hume, aux Blackstone, & à quelques autres Auteurs d'ouvrages estimés, pour parvenir non-seulement à une aisance honnête, mais même à cette opulence qui assûre la noble indépendance de l'homme de Lettres. Pourquoi les nôtres, avec les mêmes moyens, (qu'ils doivent encore une fois au Réglement nouveau,) n'obtiendroient-ils pas les mêmes effets, & n'acquerroient-ils pas enfin cette liberté dont les Imprimeurs les privoient depuis si long-temps ?

Vouloit-on que notre Législation se traînant servilement sur les pas de la Législation Angloise, mît précisément pour terme deux fois 14 ans, parce que les Anglois donnent deux fois 14 ans ? Et parce que nous empruntons des Anglois leurs boissons, leurs habits du matin, leurs mets, leurs paris, leurs voitures, & leurs jockeis, vouloit-on que nos Réglemens fussent une simple transcription des leurs ?

Mais les gens de Lettres même y auroient doublement perdu.

Ils y auroient perdu pour eux-mêmes, parce

que, s'ils font imprimer pour leur compte, le Privilége exclusif *pour eux & leurs hoirs à perpétuité* vaut infiniment mieux que 28 années, dont cependant les gens de Lettres se tiennent très-contens en Angleterre.

Ils y auroient perdu en la personne de leurs Imprimeurs cessionnaires, (ce qui est dire encore qu'ils y auroient perdu pour eux-mêmes en vendant moins cher,) parce qu'un Privilége *qui ne peut être d'une moindre durée que de dix années*, (ce qui veut dire évidemment qu'il sera plus long, à raison du nombre des volumes, de leur format, de l'importance de l'ouvrage,) vaut encore mieux que 28 années, lorsque sa durée est encore prolongée pendant toute la vie de l'Auteur, & doit être suivie d'une CONTINUATION DE PRIVILÉGE, si l'Auteur fait une augmentation d'un QUART; (Art. 2. *ibid.*) sage incitament donné à l'activité des Auteurs, & que n'a pas la Législation Angloise. C'est-là, Monsieur, l'autre prolongation que je vous annonçois plus haut.

Je dirai plus, notre Législation me paroît en ce point mieux ordonnée que celle d'Angleterre : car la durée d'un Privilége doit être réglée sur l'importance des causes qui le déterminent, puisqu'il est, comme le dit très-bien le Réglement, (& vous voyez à présent, Monsieur, la justesse de cette définition) *une grace fondée en justice.*

Or, convient-il d'accorder 28 années à l'Auteur d'un frivole Roman, d'une brochure du moment, d'un ouvrage composé de pieces rapportées, d'une froide & inutile compilation, comme on les accorderoit à l'Auteur de l'Esprit des Loix, à celui de l'Histoire naturelle, à M. de Voltaire, à MM. de Condillac, d'Alembert, Marmontel, Thomas, & à plusieurs autres que tout le monde nommeroit ici avec moi ? Le léger Auteur d'un *in-12*, mérite-t-il un terme AU DELA DE DIX ANNÉES, aussi long que l'utile ou laborieux Auteur de quatre ou six volumes *in-folio ?* Non, sans doute. Or, comme il auroit été trop long d'entrer dans ces divers calculs, en faisant un Réglement simple & bref, qu'on peut regarder comme l'heureux germe d'une Législation que les événemens feront sans doute développer, on en a dit assez, selon moi, & l'on a implicitement promis toute durée nécessaire & au delà, en disant en termes négatifs *ne pourra être d'une moindre durée que de dix années*, & en accordant déja dans la même Loi deux prorogations, l'une qui sera de toute la vie de l'Auteur, l'autre qui aura pour titre de sa concession, *l'augmentation du quart de l'ouvrage.*

Que les Auteurs reflèchissent donc avec impartialité sur ce Réglement, qu'ils comparent le sort qu'il leur assûre avec celui de leurs Confreres Anglois, qu'ils le comparent sur-tout avec celui qu'ils avoient en France avant ce nouvel ordre de choses, & très-certainement il n'y en aura aucun qui ne soit convaincu que le desir ardent de briser les entraves des gens de Lettres, de secouer le joug sous lequel les Imprimeurs les tenoient courbés, de faire naître d'excellens ouvrages parmi nous, par le double intérêt réuni de la gloire & du bien-être, a été l'une des principales causes qui a dicté ses dispositions.

Le préambule de l'Arrêt l'a très-bien dit, *une jouissance limitée, mais certaine, est préférable à une propriété indéfinie, mais illusoire.* Ce peu de paroles renferme, à mon gré, un grand sens & une grande vérité. Elles sont d'avance une excellente apologie d'une Loi qui n'en a pas besoin.

Supposons, par exemple, qu'un Imprimeur ait en ce moment le Privilége du Télémaque A PERPÉTUITÉ. Que lui sert cette jouissance *indéfinie*, si plus de cent contrefaçons NÉCESSAIREMENT PROVOQUÉES PAR LA PERPÉTUITÉ DÉSESPÉRANTE DE SON PRIVILÉGE, ne laissent dans ses mains qu'une propriété onéreuse, & devenue presque en pure perte pour lui, par la concurrence de contrefaçons faites en Province, à meilleur marché que les éditions de la Capitale ? Qu'a servi à l'Imprimeur de M. de Marmontel, son Privilége des Incas, si deux contrefaçons faites avant même que l'ouvrage eût paru, ont nécessairement ôté tout le bénéfice à cet Imprimeur, & l'ont même constitué en perte réelle ?

N'auroit-il pas mieux valu à ces deux Imprimeurs avoir un Privilége de 28 années ou plus, pendant lesquelles le Gouvernement auroit employé en cette partie toute sa vigilance, toute son activité pour prévenir les contrefaçons, ou pour les punir ? Tenez, Monsieur, il n'y a qu'un mot. Dix ans bien employés sans aucunes contrefaçons, procureront un produit immense à l'Auteur, à l'Imprimeur d'un bon ouvrage en quatre volumes *in*-12. Cent ans de Privilége ne suffiront pas pour un mauvais.

Au surplus, pourquoi les contrefaçons sont-elles devenues si fréquentes ? Le voici. C'est que les Priviléges *perpétués indéfiniment*, loin de leur opposer une barrière, n'ont fait que les encourager, que les forcer. Les différens Chefs de la Librairie ont vu, en prenant l'administration, une foule de Priviléges exclusifs qui envahissoient non-seulement les meilleurs ouvrages modernes, mais même beaucoup de bons ouvrages anciens, dont les Auteurs n'ont certainement pas aujourd'hui d'*hoirs* qui puissent réclamer *un Privilége à perpétuité*.

Des Administrateurs voyent & doivent voir en grand. Ils ont conçu que cette foule de Priviléges ruinoit nécessairement les Imprimeurs des Provinces, une partie de ceux de la Capitale, & rendroit certainement, par la chûte d'un grand nombre de presses inoccupées, notre Typographie Nationale inférieure à la Typographie Etrangere. Ils ont donc été obligés de tolérer les contrefaçons comme une sorte de compensation tacite & équitable de ces odieux Priviléges, comme un moyen de subsistance dû à des milliers de familles, qui ne pouvoient se livrer publiquement à des éditions permises & fructueuses. De deux choses l'une : il falloit, ou arrêter une bonne fois ce débordement de Priviléges pour l'avenir, & ç'auroit été donner lieu à toutes ces clameurs que vous entendez, auxquelles en général un Administrateur François n'est pas fort curieux de s'exposer, ou tolérer, par esprit de justice & pour l'intérêt National, l'espece de contrepoids & d'équivalent des contrefaçons. Ce n'étoit pas que ces continuations fussent dues. Ni l'Edit de 1686, ni les Lettres Patentes de 1702, ni même le Réglement de 1723 (dernier Réglement sur la matiere), n'assûrent ces continuations. Pesez bien ceci, Monsieur, parce qu'on ose se permettre l'assertion contraire. Mais c'étoit un usage de les accorder, & presque personne n'ose prendre sur lui de détruire un usage. On toléroit donc les contrefaçons.

Pour moi j'aime beaucoup mieux qu'on ait pris le parti de couper le mal dans sa racine, que d'y apporter le remede de semblables compensations. Je trouve dans cette marche plus de vigueur, plus de fermeté, plus de franchise, &

un ton plus convenable à la Législation d'un grand Royaume. J'aime mieux détruire nettement un mal que je connois être un mal, que de le combattre par des antidotes & des palliatifs.

Mais, objecte-t-on encore, eh bien ! admettons qu'on ait ordonné justement pour l'avenir ce qu'on prétend être le mieux, & ce qui pourroit bien l'être, (car les yeux se dessillent à la fin). Mais est-il permis d'être injuste pour faire le bien, & pouvoit-on dépouiller les familles de propriétés acquises, de Priviléges existans qui formoient leurs dots, leurs hypotheques, leurs garanties, en donnant à ce Réglement un effet rétroactif ?

Je réponds deux choses.

1°. C'est une pétition de principe, de dire qu'ici l'on est injuste pour faire le bien. Il faut prouver d'abord l'injustice, puis le raisonnement procédera bien.

Or, pour prouver l'injustice, je veux qu'on me démontre bien clairement que, parce qu'un homme a, pendant deux ou trois ans, jetté ses pensées sur le papier dans son cabinet, le Souverain est tenu d'employer toute la force de son pouvoir prohibitif, pour qu'*à toujours, à perpétuité*, (pesez bien, Monsieur, ces paroles,) nul autre que lui ou ses préposés ne puissent vendre ces pensées.

J'avoue que je ne puis nullement concevoir cette assertion. Je ne lui connois point d'action en Justice pour revendiquer l'honneur d'une conversation qu'il aura eue avec quelqu'un dans le fauxbourg S. Germain, & dont celui-ci ira se faire honneur à l'instant dans le fauxbourg S. Honoré. Quand le bon Abbé T... alloit tous les matins faire sa provision d'esprit chez Fontenelle, & faisoit des livres avec des conversations, je doute que Fontenelle, eût-il eu quatre témoins de sa *mise premiere*, eût pu faire assigner l'Abbé T... en restitution & en dommages-intérêts. Je veux dire, pour parler un peu plus sérieusement, que je ne vois point là, que je n'y peux nullement voir une vraie propriété.

Quand des copistes adroits s'emparoient des sermons du Pere de Neuville pendant qu'il les prêchoit, pourvu qu'en les faisant imprimer ils ne les lui attribuassent pas, (parce qu'alors il auroit pu se plaindre de transcriptions inexactes & vicieuses,) ; je ne vois pas qu'on pût leur faire un crime de leur mémoire, de leur célérité à copier par abbréviation, & revendiquer une propriété dont trois mille auditeurs avoient pu s'approprier des portions.

Je conçois très-bien que le Souverain me doit la protection, la jouissance exclusive de mon champ, de ma maison, *à toujours, pour moi & mes hoirs*, parce que la nature d'une telle propriété est d'être transmissible *à mes hoirs à toujours*, & qu'il seroit fort ridicule, comme l'a très-bien observé un homme de beaucoup d'esprit, que quelqu'un prétendît m'en chasser après 80 ou 100 ans, sous prétexte

que

que j'ai aſſez joui, & qu'il eſt convenable qu'un autrejouiſſe à ſon tour.

Mais mes penſées, que ſont-elles tant qu'elles ſont renfermées dans mon cabinet, & qu'elles ne ſont pas revêtues du corps de l'impreſſion, ſi je puis m'exprimer ainſi? Elles ſont tout ſimplement *mes penſées*, c'eſt-à-dire, une *valeur morte.* Qui eſt-ce qui leur donne une valeur *vénale ?* C'eſt l'impreſſion. C'eſt donc ici cet acceſſoire *étranger*, qui n'eſt pas de moi, qui ne vient pas de moi, qui fait valoir ce *principal* ſtérile & mort qui ſeul m'appartient. Or à quel titre, je vous prie, puis-je forcer le Souverain de dépouiller une partie de ſes ſujets de la faculté qu'ils ont, tout autant que mon Imprimeur, de créer par leur travail cette *valeur vénale*, pour concentrer dans moi ſeul & dans mon Imprimeur *cette valeur vénale & acceſſoire*, pour l'y concentrer *à perpétuité*, *à toujours?*

Vous voyez bien que moi Auteur, je n'ai ici que le mérite *occaſionnel*, ou, ſi vous voulez, le mérite *concomitant*, le mérite *co-intident avec l'impreſſion.* Et il faudra néanmoins que dix mille de mes compatriotes meurent de faim, pour m'enrichir de ce qui n'eſt pas *mien*, c'eſt-à-dire, de l'arrangement des caracteres, & du profit que crée la Typographie! Il faudra, que, quoique *le profit pécuniaire* ſoit le réſultat de l'*ouvrage* d'un côté, *du papier*, *des caracteres & du travail typographi-*

*que* de l'autre, l'Auteur, qui ne fournit qu'une *portion* de ce qui crée le produit, l'ait à lui seul *en entier!* Encore une fois, je ne puis réellement concevoir une prétention semblable. Autant vaudroit demander une compagnie du guet, pour empêcher les passans de s'éclairer par mon réverbere, ou de se réjouir de ma musique.

2°. Je réponds d'une maniere nette & précise. Le Réglement n'a aucun effet rétroactif. L'art. 11, dès la premiere ligne, rassûre contre cette idée. » Sa Majesté desirant *traiter favorablement* ceux » qui ont obtenu antérieurement au présent Arrêt » *des Privilèges ou continuations d'iceux* «. Or, ce seroit, vous en conviendrez, une annonce dérisoire, indigne de la Majesté du Trône, de dire à ses sujets : » *Desirant vous traiter favorablement,* » *je vais vous dépouiller de votre bien* «.

Qu'ordonne donc l'article? Une simple représentation des titres sur lesquels on établit la propriété, pour, sur le compte qui en sera rendu, *être accordé, s'il y échet, un Privilége dernier & définitif.*

Ainsi, ce que les Priviléges étoient avant ce Réglement, ils continueront de l'être. S'il s'en trouve de *perpétuels*, (& il s'en trouvera peu) ils continueront d'être *perpétuels*. S'il s'en trouve d'une durée très-longue, ils conserveront toute leur durée. Les graces antérieurement accordées, pourront faire gémir, si elles ont un trop long terme;

mais très-certainement, si j'entends bien la nouvelle loi, (& je pourrois garantir ma façon de l'entendre, par le caractere, assez connu, de ses Auteurs,) elles seront respectées. J'ajoute un seul mot, Monsieur, & ce mot va bien vous surprendre. Jusqu'ici je vous ai répondu, comme s'il existoit quelques PRIVILÉGES PERPÉTUELS. Eh bien! Monsieur, il n'en existe PAS UN, PAS UN SEUL. Je défie qu'on m'en cite UN SEUL. Par où vous voyez, Monsieur, que tout ceci n'est qu'une commotion factice, excitée, animée par des intérêts étrangers.

Quant aux continuations *futures*, c'est autre chose. On s'étoit fait une habitude, dans certaines familles, de compter dessus, comme sur un patrimoine. On croyoit n'avoir à demander qu'une simple prorogation de forme, comme on demande une confirmation de la jouissance des isles & islots à chaque nouveau regne. Or ces continuations; 1°. on ne les doit pas; 2°. elles sont injustes; 3°. elles sont nuisibles à l'intérêt général de l'Imprimerie Françoise; 4°. elles assûrent à l'Etranger une préférence ruineuse pour la Nation. Je crois bien qu'on y sera fort difficile, & on aura grandement raison.

Et cependant l'Article même ne dit pas qu'on n'en accordera plus. Mais l'Article fait clairement entendre qu'on recevra de chaque porteur de Privilége non perpétuel, ou de chaque porteur d'une continuation, un mémoire qui renferme ses moyens pour obtenir une continuation nouvelle ; l'exposé de ses dépenses, de la modicité de ses gains ; à plus forte raison de ses pertes, s'il peut en prouver. On examinera son mémoire avec impartialité, avec équité, même avec indulgence, avec desir de le *traiter favorablement, & on lui accordera, s'il y échet, un Privilége dernier & définitif :* après quoi naîtront, quant à l'ouvrage qui sera l'objet de ce Privilége, la concurrence & la liberté générale.

Où voyez-vous là, Monsieur, rien qui soit rétroactif, qui en ait même l'apparence, & qui ne présente au contraire les vues de la plus souveraine équité, & de l'intérêt public au plus haut degré ? Et cependant écoutez une foule de gens qui n'ont pas seulement lu les Arrêts, vous entendrez dire à ces échos imprudens de leurs propres ennemis, de leurs véritables spoliateurs, que sous un regne qui s'est annoncé avec des caracteres de justice & de bienfaisance, on détruit, on envahit, on renverse, on *sabre* les propriétés : & puis ayez encore la manie de vouloir faire du bien aux hommes ! Il faut avouer qu'on en est noblement récompensé.

Mais après avoir défendu cette opération, que je desirois depuis long-temps, que desiroient également beaucoup d'Auteurs, d'Imprimeurs, & de Libraires qui n'osent élever la voix, opération qui ne montre pas moins de vrai courage, que de vraie justice : voulez-vous que je vous dise, moi, ce que j'y trouverois à dire ? Peu de chose; mais ce peu manque à sa perfection.

1°. Au lieu d'avoir dit, en parlant des Priviléges accordés, *qu'ils ne pourront être d'une moindre durée que de dix années*, je desirerois qu'on eût fixé un nombre d'années proportionnel au nombre & au format des volumes. Je sens bien que ce n'auroit pas été le mieux, & que je me combats moi-même; puisque, comme je l'ai dit plus haut, un mauvais ouvrage en cent ans n'aura pas le débit qu'un bon aura en dix, & qu'il est juste de considérer, non-seulement le format de l'ouvrage, mais encore le temps qu'il a dû coûter, les dépenses des recherches, des expériences, des voyages qu'il a exigés, son mérite intrinseque, les coopérateurs qu'il a fallu employer & payer, &c. Mais enfin que voulez-vous? J'aime une Législation indulgente, & qui s'accommode aux foiblesses des hommes; & quoiqu'une sage évaluation des motifs de la durée du Privilége à accorder, conduise bien mieux à la justice qu'un tarif brut de tant d'années par volume, qui, avec une justice apparente, renferme nécessairement une injustice réelle, j'aurois pu accorder au vulgaire des intéressés à la chose, ce tarif-là. Et qu'en seroit-il arrivé ? C'est qu'au bout de quelques années, ils seroient venus eux-mêmes me prier de l'ôter, & d'y substituer une juste appréciation des motifs qui peuvent & doivent déterminer un plus ou moins long Privilége.

2°. J'aurois aussi un peu moins respecté la liberté que les rédacteurs de ce Réglement, contre lequel pourtant on crie à l'oppression. Je trouve dans l'Article 4 de l'Arrêt du Conseil sur les contrefaçons : » Autorise aussi Sa Majesté, » ceux chez qui on fera de semblables visites, (pour chercher des exemplaires contrefaits, ) » à » se pourvoir en dommages - intérêts, s'ils (les possesseurs ou cessionnaires de Priviléges ) » ne » trouvent pas des contrefaçons dont ils au» roient exhibé le Privilége, *encore qu'ils en* » *eussent trouvé d'autres.*

Je sens bien que cette derniere disposition est légale, parce que personne en France n'est le vengeur d'autrui, n'a droit de stipuler l'intérêt d'autrui. Je sens bien en même temps que cette derniere disposition & ce qui la précede immédiatement, marquent un grand respect pour la liberté de l'asyle du citoyen ; & ne nous plaignons pas, Monsieur, de trouver ce sentiment dans l'ame de ceux que le Souverain charge de manifester ses volontés ; nous n'avons pas toujours eu à nous plaindre de cette maniere ; mais franchement quand je trouve le voleur du bien d'autrui (car les contrefaçons à présent *sont un vol*) en cherchant le mien, il me semble que je suis assez excusable dans mes soupçons, qu'il est dû bien peu, infiniment peu de dommages-intérêts, si même il en est dû, & qu'il doit y avoir une sorte de compensation équitable entre la méprise très-légere alors de ma recherche, & la découverte occasionnelle d'un crime qui la légitime. Au surplus, de quoi se plaindroit-on encore sur cet article, & qu'y viens-je reprendre? Une Législation trop modérée, & trop indulgente.

Quant aux contrefaçons, voici nettement en quoi je trouve que le nouveau Réglement nous laisse quelque chose à desirer, &, pour tout dire en un mot, voici en quoi je le blâme.

Ce n'est pas de ne pas avoir ordonné qu'on fît passer les contrefaçons à l'Etranger, comme quelques-uns le vouloient. Il les auroit achetées très-bon marché, & nous les auroit revendues fort cher, par comparaison de son prix d'achat.

Ce n'est pas non plus d'avoir légitimé par la voie de l'estampillage les contrefaçons antérieures, quoique l'intérêt privé ait beaucoup déclamé contre cette disposition. Laissons-là les clameurs de l'intérêt privé, & voyons la justice. Or il eût été souverainement injuste qu'après avoir toléré les contrefaçons, (parce qu'un autre abus avoit obligé de les tolérer,) le Gouvernement les fît mettre au pilon, eût ainsi induit en erreur des peres de famille, parût leur avoir tendu des piéges. C'eût été une opération criante, un véritable vol.

Ce n'est pas non plus la forme de l'estampillage. Je trouve qu'on a pris une forme très-sage, en faisant assister dans cette opération l'*Inspecteur*, qui est l'homme de l'Administration, de l'*Adjoint* qui est l'homme de sa Communauté, afin que chacun d'eux soit pour l'autre un contradicteur légitime, & que les intérêts différens, dont ils sont respectivement chargés, s'éclairent & s'assurent réciproquement. Cette participation de l'Adjoint est un égard marqué pour les Communautés de Librairie; & aussi suis-je bien assuré qu'il n'y aura personne qui ne se fasse un devoir, envers son Corps, de remplir cette fonction.

Mais puisque toute l'opération roule sur la très sévere prohibition des contrefaçons à l'avenir, je voudrois donc qu'on les eût nettement qualifiées VOL dans les nouveaux Réglemens, & qu'on y eût précisément ordonné qu'elles seront poursuivies comme tous les autres délits, par voie de plainte & information, même d'office à la requête du Procureur du Roi, sur simple dénonciation qui sera faite sur son Registre, sans qu'on soit obligé de se porter partie civile.

Je sais bien ce qu'il y a à me répondre. Cela ne pouvoit s'ordonner par voie d'Arrêt du Conseil. Un Arrêt du Conseil ne crée point des qualifications de délits, ni la poursuite criminelle qui en dérive.

J'en conviens : mais qu'on nous donne donc très-incessamment une Loi qui l'ordonne, & l'opération alors sera parfaite. Elle sera, & comme opération de Justice, & comme opération de Gouvernement, & comme opération de Finance pour la balance de notre Typographie vis-à-vis de l'Etranger, l'une des choses les plus grandement vues, les mieux executées qu'on puisse concevoir.

Autrement, les Auteurs, les Libraires à Privilége seront très-fondés à dire : Vous nous annoncez pour compensation des diminutions de jouissance que nous éprouvons, qui nous étoient dues, ou ne nous étoient pas dues, mais enfin auxquelles nous étions accoutumés, la prohibition la plus sévere des contrefaçons pour l'avenir, & vous acquérez même un nouveau droit à cette sévérité par votre indulgence pour le passé. Vous nous dites qu'*une jouissance limitée, mais* CERTAINE, *est préférable à une jouissance indéfinie, mais* ILLUSOIRE. Donnez-nous la donc cette *jouissance certaine* que vous nous promettez, en punissant si sévérement les contrefaçons, que personne à l'avenir ne soit tenté de se les permettre. Autrement votre Réglement se trouveroit, contre votre intention, nous avoir fait le mal de resserrer nos jouissances, sans nous avoir fait le bien, promis par compensation, de les rendre plus fructueuses, & plus effectives.

Voilà, Monsieur, ce qu'on peut dire de plus raisonnable sur les nouveaux Réglemens, & il ne leur manque, je crois, que ce complément. Et voilà vraisemblablement à quoi les gens sages & instruits, les personnes impartiales borneront leurs vœux & leurs demandes. Alors on leur aura la très-grande obligation d'avoir fait qualifier VOL ce qui aujourd'hui est réellement VOL; d'avoir fait poursuivre comme crime ce qui aujourd'hui est réellement crime; d'avoir procuré à la Littérature Françoise une gloire utile, & à la Typographie désormais son alliée fidele, une stabilité inébranlable.

Quant aux déclamations de l'intérêt personnel, une Administration juste & ferme continuera toujours de faire le bien, de marcher vers le bien, sans paroître seulement les entendre. Toutes ces clameurs tomberont comme celles contre l'inoculation, contre l'antimoine, contre le quinquina, contre tant de découvertes salutaires, & d'institutions utiles dont la naissance a toujours été marquée par des résistances & des commotions. Le bien les excite comme le mal, par cela seul qu'il est une *nouveaulté*, & il les excite quelquefois plus que le mal, qui est toujours indulgent & de bonne composition; PARCE QUE CE BIEN QU'ON INTRODUIT, NUIT NÉCESSAIREMENT A BEAUCOUP D'INDIVIDUS. Il faut mettre en ligne de compte ces réſiſtances-là, quand on entreprend d'être utile aux hommes. Les inſtitgaeurs ſecrets de tous ces mouvemens s'arrêteront auſſi eux-mêmes, quand ils verront l'inutilité de leurs démarches; ils s'empreſſeront même d'applaudir à ce qu'ils n'auront pu renverſer. En peu d'années, toute cette foule de Priviléges excluſifs, & devenus preſque perpétuels dans le fait, diſparoîtra peu à peu ſans violence, ſans injuſtice, & ſans murmure. En peu d'années, les choſes ſe mettront à l'uniſſon, & par une ſurveillance ſévere ſur les contrefaçons, par une pourſuite vigoureuſe contre des coupables bien avertis, très-indulgemment traités, les Auteurs, leurs ceſſionnaires, les autres Imprimeurs, jouiront d'avantages juſqu'à ce jour inconnus pour eux, & *juſtement proportionnés*. Toutes ces commotions *factices*, tous ces orages faits de main d'homme, céderont à la conviction du bien, à l'évidence du bien, & l'on n'entendra de toutes parts que les expreſſions touchantes de la ſenſibilité univerſelle, de l'acclamation la plus vraie, de la plus juſte reconnoiſſance.

J'ai l'honneur d'être, &c.

*Paris, ce 20 Janv.* 1778.

www.ingramcontent.com/pod-product-compliance
Lightning Source LLC
LaVergne TN
LVHW020951090426
835512LV00009B/1838

* 9 7 8 2 0 1 9 6 0 0 9 8 3 *